墨香财经学术文库

价值链位势影响企业数字化转型创新的路径研究

Research on the Path of Value Chain Potential Influencing Enterprise Digital Transformation and Innovation

谷方杰　著

东北财经大学出版社 Dongbei University of Finance & Economics Press　大连

图书在版编目（CIP）数据

价值链位势影响企业数字化转型创新的路径研究 / 谷方杰著. —大连：东北财经大学出版社，2024.10.—（墨香财经学术文库）. —ISBN 978-7-5654-5385-4

Ⅰ.F272.7

中国国家版本馆CIP数据核字第20241H6F54号

东北财经大学出版社出版发行

大连市黑石礁尖山街217号　邮政编码　116025

网　　址：http://www.dufep.cn

读者信箱：dufep@dufe.edu.cn

大连永盛印业有限公司印刷

幅面尺寸：170mm×240mm　字数：130千字　印张：11　插页：1

2024年10月第1版　　2024年10月第1次印刷

责任编辑：李　彬　王　斌　王　丽　　责任校对：赵　楠

孙冰洁　李翠梅　卢　悦

刘瑞东

封面设计：原　皓　　版式设计：原　皓

定价：58.00元

教学支持　售后服务　联系电话：（0411）84710309

如有印装质量问题，请联系营销部：（0411）84710711

前　言

在数字经济浪潮汹涌澎湃的今天，企业不仅面临着前所未有的发展机遇，更面临着前所未有的挑战与变革。数字化转型，作为这场时代变革的核心引擎，正深刻地重塑着商业世界的运行逻辑与竞争格局。企业如何在数字化转型的浪潮中乘风破浪，不仅关乎其生存之道，更是决定其能否在激烈的市场竞争中脱颖而出的关键。

基于上述背景，本书深入探讨了价值链位势——企业在产业链中相对位置与影响力的核心要素——如何成为驱动企业数字化转型与创新的重要力量，旨在通过系统的理论梳理、丰富的案例分析、审慎的实证分析以及前瞻性的策略建议，为企业在数字化转型的征途上提供一盏明灯，指引其穿越迷雾，发现属于自己的独特路径。

首先，传统的价值链分析侧重于企业内部流程的优化与资源配置效率的提升，然而在数字经济时代，价值链的边界日益模糊，跨界融合成为常态，企业的竞争优势不再仅仅源于内部管理的精细化，更源于其在整个价值链网络中的位置与影响力。本书创新性地提出“价值链位势”概念，将企业的数字化转型置于更广阔的产业链视角下进行审视，揭示了不同位势尤其是中心位势企业面临的差异化挑战与机遇。

其次，数字化转型并非一蹴而就，而是一场深刻的企业变革。本书通过详细剖析多个行业典型案例，展现了不同价值链位势企业在数字化转型过程中采取的不同策略与路径。从技术创新引领的颠覆式变革，到商业模式重构的渐进式转型，再到生态体系构建的合作共赢，每一种路径都蕴含了企业对于自身位势的深刻理解和精准定位。

基于上述研究，本书为企业决策者提供了一系列具有操作性的策略和建议，包括如何根据自身价值链位势选择合适的数字化转型方向、如何构建适应数字化转型的组织架构与文化氛围，以及如何有效利用外部资源与合作伙伴共同推进转型进程等。同时，本书也对企业数字化转型的未来趋势进行了展望，强调了创新驱动、价值链位势、生态协同等关键要素在推动企业持续发展与竞争中的重要作用。

本书是国家社科基金重大项目“建设面向东北亚开放合作高地与推进新时代东北振兴研究”（项目批准号：20&ZD098）的阶段性研究成果，得到了项目的大力支持。

作　者

2024年7月

目　录

1

绪论

1.1 研究背景

经济全球化背景下，国与国之间的竞争从单一产品竞争逐步转变为产业链之间的竞争，各企业、产业之间的联系日益紧密。自2008年金融危机爆发后，各国纷纷采取措施改变原有的单一产业发展模式。发达国家的企业不再将产品原料采集、产品生产和销售等环节集中在一个国家或者地区，而是在全球范围内谋求生产资料，以最大限度地利用好全球资源，形成产业链。自1978年实行改革开放以来，中国实现了从高度集中的计划经济体制向充满生机与活力的社会主义市场经济体制的转变。随着社会经济体制的转变，中国的产业发展也逐步走向现代化阶段。产业链是产业发展进入现代化的标志性产物。产业链现代化不仅是现代企业提高生产效率、增加企业竞争力的手段，也是全球经济竞争、产业竞争的重要环节。但在近年的现实观察中，一些制约中国各产业发展的深层次问题逐渐显露，部分产业的国内形势和国外环境存在诸多挑战。

一方面，中国作为世界制造业大国，制造业在中国经济发展中占据举足轻重的地位。中国制造业的发展存在较大的内部约束。在过去很长一段时间里，中国凭借较低的工资水平和相对丰富的资源要素，实现了制造业的高速增长，劳动密集型产品在中国的制造业出口结构中长期占据绝对主导地位。随着中国经济的高速增长和社会结构的变化，国内企业发展的要素禀赋也发生调整，以劳动密集型产业为代表的传统制造业已逐渐丧失成本优势。此外，国内大部分中小型企业并没有成功接轨全球，实现产业链式发展。当前中国大部分中小企业处于产业链生产制造环节，无法掌控产品定价权，而周边越南等国家产品成本极低，这迫使中国中小企业不得不继续压缩微薄的利润空间。

另一方面，中国当前部分产业发展仍存在一定问题。第一，长链条产业与配套产业发展不协调。中国目前各产业“二元经济”现象普遍存在，生产以低科技含量、高耗能为主，产业链发展不平衡，产业链优势无法发挥。第二，产业链存在断裂、缺失的情况，各个环节的企业和机构之间缺乏合作共赢意识。经济全球化发展下，产业发展分工明确是重要保障。国内各产业之间虽形成了产业链，但是仍存在分工不明确、各企业协调不到位、产业链中断的现象。

价值链应用是企业产业链现代化建设的内在要求，也是我国企业高质量发展的关键所在。价值链是企业在生产和销售过程中所经历的各个环节，包括原材料采购、生产加工、产品销售等。价值链的构建和优化对企业的发展至关重要。首先，通过对价值链的分析，企业可以找到自身的核心竞争优势，从而确定市场定位和发展方向。通过优化各个环节，提高生产效率和产品质量，降低成本，增强市场竞争力。其次，价值链的建立可以促进企业内部各部门之间的沟通与协作，实现资源的最大化利用。通过建立有效的供应链和销售渠道，企业可以更好地满足市场需求，提升客户满意度，增加市场份额。中国经济在各种风险的冲击下，很快实现形势好转，而中国经济韧性是中国经济面对风云巨变的国家经济形势依旧稳定发展的关键所在。价值链在企业产业发展中的合理利用既是推进产业链现代化的重要内容，也是增强经济韧性的关键环节。党的二十大报告指出，“着力提升产业链供应链韧性和安全水平”“推动创新链产业链资金链人才链深度融合”，进一步明确了产业链现代化的重点任务。党的二十大报告中关于产业链的论述，体现了国家已将产业链的融合程度作为衡量各产业发展的重要标准。而价值链正是产业链在各产业内部的延伸，产业链是价值链的物质基础，价值链是产业链上各个价值环节的有机整合。价值链是我国各产业发展过程中的一次重要内部探索，也是经济全球化时代背景下的必然选择。2021年，国务院颁布的《中华人民共和国国民经济和社会发展第十四个五年规划和2035年远景目标纲要》将“加快数字化发展建设数字中国”单列成篇，提出“以数字化转型整体驱动生产方式、生活方式和治理方式变革”。数字经济是一个非常宽泛的概念，主要指人类通过大数据引导社会资源推动社会生产力发展的各种经济形态。数字经济是时代和生产力不断进步发展的产物，是国家进步发展的必然选择。本书从价值链角度研究企业数字化转型的路径选择正是适应了当前国家发展的需要。

从18世纪60年代到21世纪初，全球共发生了四次工业革命。伴随着四次工业革命，社会也从蒸汽时代逐步过渡到一个高度自动化、智能化的数字化时代。21世纪初，各类数字经济产品问世。2016年，在中国杭州举办的G20峰会上，“数字经济”首次被提出。当社会经济的聚焦点从实体企业逐步转向经营各类线上产品的企业时，对数字经济的关注，就成为衡量社会经济发展的第一把标尺。数字经济的核心是企业数字化转型，是各个产业内部价值链在企业经济转型领域的进一步延伸。随着科技的不断发展和普及，企业数字化转型已经成为企业生存和发展的必然选择。第一，数字化转型可以创新商业模式。通过人工智能及大数据分析技术，企业能够激发商业创意、把握商业机会。第二，数字化转型可以提高企业的效率和竞争力。通过数字化技术，企业可以实现业务流程的自动化和优化，降低成本，提高生产效率。这不仅可以帮助企业更好地应对市场竞争，还可以提升企业的盈利能力。第三，数字化转型可以提升用户体验。数字化技术为企业带来了更广阔的发展空间，可以帮助企业更好地把握市场变化和客户需求，推动产品和服务的创新和升级，为用户提供更优质的产品与服务，从而实现个性化服务以及用户的增长与留存。然而现实中，对于企业数字化转型，人们常常过多地把注意力放在转型结果上而忽略了对转型过程的探索，缺乏对企业内部价值链在企业数字化转型过程中运用的关注。目前，随着数字化经济逐渐成为社会关注的热点，如何在企业内部价值链作用下促进企业数字化转型就成为我们探讨的关键所在。数字经济作为典型的“融合型经济”，通过与企业的深度融合，可以充分发挥要素驱动作用和产业驱动效应，有助于企业产业链韧性的提升。我国企业产业链发展面临着内生慢性压力和外生急性冲击，面对数字经济与产业深度融合的发展趋势，如何借助数字经济改造企业产业链，锻铸具有竞争优势的产业链长板、补齐影响产业链韧性提升的短板，成为我国企业产业链现代化建设和制造业高质量发展的重要议题。数字化转型是数字经济的重要表现形式和企业与数字经济结合的重要手段之一。

进入数字化时代以后，数字化转型是学术界对企业研究不可忽视的领域。目前学术界对企业数字化转型的研究，多集中于广泛的转型动因和影响研究，目的多在于透过企业发展现状和社会发展需求研究某一或者具有代表性的企业数字化转型策略。当然，受当前社会发展需要的研究影响，学者直接探究企业数字化转型的路径无可厚非，但单是数字化转型路径可开辟出的角度就有很多。基于此，本书确立了价值链位势影响企业数字化转型创新路径研究的方向。

1.2 研究意义

1.2.1 理论意义

本书的理论意义主要体现在以下两个方面：一是以价值链作为切入视角，在现有研究的基础上，进一步对价值链的内涵进行界定，并对价值链视角下企业数字化转型进行多维度分解，在此基础上厘清价值链提升的本质要求和企业数字化转型的具体路径，解释价值链对企业数字化转型的具体意义。弥补价值链理论在企业数字化转型研究中的不足并提供新的视角。二是从价值链视角出发，对企业数字化转型的发展过程进行梳理，结合数字经济的赋能效应，构建价值链驱动企业数字化转型的理论分析框架，丰富了价值链现代化建设的理论体系，对提炼和总结企业数字化转型发展道路具有一定的理论意义。

1.2.2 现实意义

本书的现实意义在于：第一，结合对企业数字化转型内涵的解析，尝试构建指标体系对其进行测度，根据测度结果分析企业数字化转型的现实表征和动态演化特征，充分了解其发展现状，对科学评价我国企业数字化转型水平具有一定借鉴意义；第二，通过构建模型，验证企业数字化转型的作用机理和作用路径，尝试提出企业数字化转型的整体思路和重点任务，对我国企业数字化转型提升、产业链现代化建设有一定的实践参考价值；第三，对企业价值链进行系统的理论分析和案例研究，可以帮助企业明晰如何实现价值链上的数字化转型，有利于企业确立正确的发展方向和选择合适的发展模式，这对提高企业领导者决策的科学性和有效性具有重要的现实意义。

1.3 国内外研究现状

1.3.1 数字化转型研究

在数字经济时代，大数据、云计算、人工智能和物联网等数字技术蓬勃发展，数字化对企业的内外部环境产生了深远影响，数字化转型已逐渐成为传统企业的核心战略方向。数字化转型是一个从管理到运营、从生产到销售、从领导到员工，涉及信息化、人力资源、业务模式以及经营模式等创新的、综合的、全方位的转型过程。当前，学术界对企业数字化转型原因的研究主要可以分为两类：一类是源自企业内部转型升级从而对数字技术产生需求的内部原因；另一类是社会进步促进数字技术被广泛应用，使得企业引进数字技术促进自身数字化转型的外部原因。

（1）数字化转型原因研究

①内部原因

进入21世纪后，大数据已经成为企业发展不可或缺的重要因素。数字化对企业自身来说，无论在管理者决策还是信息传递，抑或企业内部运营方面，都远比传统经验主义决策管理方式更科学。从企业内部分析，企业进行数字化转型无非是为了企业管理决策模式的转变和生产力水平的提升。S. Wengler等（2021）认为，当前大部分企业实行销售数字化转型是希望达到企业生产力的进一步提升。M. Mehanovic

等（2019）以客运公司和通信运营商为案例研究企业数字化转型，认为无论是在客运公司还是通信运营商的企业运营中，数字化转型的战略管理方法都能够取得良好的效果，使企业在商业竞争中拥有良好竞争优势。王荣璐（2024）以企业供应链成本为中介变量，通过对2015—2020年我国A股上市公司数据进行研究，提出数字化转型能有效降低上市公司的供应链成本，从而提高企业价值。随着市场改革的不断进行，部分企业已经出现了供需失衡的情况，数字化转型能够很好解决企业供需失衡，促进企业内部结构化改革，消除冗余产能。金珺等（2020）以207家中国企业的问卷调查数据为研究基础，发现数字化开放式创新对企业创新绩效具有显著的正向影响。企业数字化转型从企业内部来看，实际上是企业高管团队的一次或者多次决策。高管团队的战略构想、组织构成对企业数字化转型具有一定推动作用。B. Tronvoll（2020）提出高管团队管理下属、激励机制以及指挥指导工作的职能影响着开展组织活动的基础，其数字化创新能力影响企业数字化转型的效果。李学峰等（2024）基于对2010—2021年沪深A股上市公司的分析，提出高管团队的稳定性对企业数字化转型具有积极影响，稳定的高管团队能够降低短视主义，增加企业研发投入，保障企业人才和技术支撑，从而促进企业数字化转型。企业领导者是企业高管团队的重要组成部分，企业领导者个人层面对数字化经济的了解程度、个人思想的开放程度在一定程度上也直接影响着企业数字化转型。A. Singh（2017）认为在数字化时代，领导者个人对市场上数字化经济的感知程度以及对企业本身战略目标的偏向性都影响着企业数字化转型的推进。另外，学术界也开始探讨传统战略管理理论对数字化转型的适用性与指导性，探索大数据背景下企业信息资源管理模式的改变也是内部原因的一部分，通过研究数据科学与信息资源管理的相关性，并对应用场景进行分析，总结出三种信息资源管理创新模式，即“物联网+大数据”创新模式、“数据挖掘技术+信息资源”融合模式以及“技术框架+用户核心”的信息服务模式，为企业数字化转型中信息资源的管理提供可借鉴的模式框架。此外，数据资源的管理赋能了基于数据分析的决策。陈国青等讨论了管理决策研究以及应用范式转变，结合大数据特征和重要研究方向的要素矩阵，阐述了全景式PAGE框架，刻画了大数据驱动的管理决策框架。

②外部原因

企业数字化转型的推动因素不仅来源于企业自身，还有一部分来自外在市场和社会推动。消费者市场一直是企业经营关注的要点，A. Chopra（2015）提出消费者购买行为的快速变化、数字化主导公司的市场份额、竞争以及消费者期望从公司获得个性化体验成为了主导企业数字化转型的关键原因。以中国改革开放为一个时间划分点，中国改革开放之前，民众更多关注的是吃饱穿暖等基础性生活需求，因此，当时消费者市场对企业的要求不高，只需满足实用的基础要求即可。改革开放后，人民生活水平逐步提高，消费者已不再单纯满足于吃饱穿暖的基础性要求。数字经济时代，移动技术和互联网技术正在逐步改变消费者的消费期望和消费习惯，而企业想要长足发展就必须顾及消费者市场，顺应数字化转型需求，促进企业发展与消费市场变化同步。消费者需求不断提升，市场也在不断变化，各企业之间竞争激烈。M. Fitzgerald（2014）提出各企业要想在竞争激烈的市场立足，甚至独占鳌头，就必须及时基于市场竞争态势，采取措施，积极寻求适合本企业的数字化转型道路。社会不断进步，科技发展也在推进企业进行数字化转型。肖静华（2020）提出从数字化转型和创新的相关研究成果可以看出，新一代数字技术、商业模式、竞争模式、新型人力资本积累和相应的制度变革，构成企业数字化转型的关键驱动因素。

（2）数字化转型影响研究

现有研究聚焦企业数字化转型对企业发展的影响，本书梳理了企业数字化转型对企业绩效以及劳动收入的影响研究。

①绩效影响

数字化转型作为企业适应市场及时代发展需要进行的自我调整，对企业绩效的影响是最直观的。数字化转型后企业绩效好坏可直接反映出该企业转型成功与否。学术界对企业数字化转型后的绩效影响研究成果颇丰。M. Yassine（2021）通过雀巢黎巴嫩的案例研究，探讨了数字化转型对企业绩效和创新的影响，并结合相关研究提出了一个假设：完成数字化转型与提高雀巢黎巴嫩的绩效之间存在正相关关系。在企业数字化转型对企业绩效影响的研究中，学术界多采用案例研究法。C. V. Guzmán-Ortiz（2020）以秘鲁保险公司为案例，研究了企业数字化转型对企业个人工作绩效的影响。C. Youssef（2020）基于从186家摩洛哥中小企业收集的数据，使用偏最小二乘法（PLS）对概念模型进行了实证检验，研究了数字创新对数字化转型与组织绩效之间联系的中介作用，提出中小企业通过采用数字化导向战略和获得数字化能力来顺应数字化转型趋势，以加强数字创新，从而提高其组织绩效。国内虽然数字化转型起步晚，但是国内学术界对数字化转型相关研究的成果相比于国外较多。徐建玲等（2024）以2007—2021年我国沪深A股上市公司为样本，实证检验了企业数字化转型对企业绩效的影响。邵继萍等（2024）以2010—2021年沪深两市体育产业概念板块企业为研究样本，探析了体育企业数字化转型对企业经营绩效的影响效应及作用机制。研究结果表明：体育企业数字化转型将有效提升企业经营绩效水平，政府补贴政策将推动数字化转型对企业经营绩效水平的提升作用，而企业融资约束却抑制数字化转型对企业经营绩效的推动效应。国内学术界在企业数字化转型对企业绩效影响研究方面，进行了广泛的案例分析，遍布于各行各业。柴寿升等（2023）对国内旅行社、景区、酒店、在线旅游企业等720家旅游企业发放问卷，对调查结果进行分析，提出旅游企业数字化转型战略对企业的市场绩效、财务绩效具有显著正向影响。从产业应用的角度来看，制造业在工业大数据背景下起步早于生活服务业，针对制造企业数字化转型的学术研究也较餐饮业更为成熟。刘祎等（2020）基于示能性–实现视角，以中设智控为研究对象，从产品升级、价值链升级、商业模式升级三个层面分析工业大数据实现示能性为企业创造价值的过程。在传统的产销关系中，平台和商业模式的概念已经出现，但还没有大规模推广。随着信息经济和数字经济的到来，以信息共享和开放合作为基础的经济模式得到了极大的推广，用户需求的多样性使得用户难以成为单个企业的唯一用户。而且，随着社会分工越来越细化，技术产业已经专业化，一个企业始终无法完成整个产业链分工。尽管如此，随着外卖线上化平台的崛起、餐饮供应链金融的应用以及新零售模式的出现，学者们开始对餐饮企业的转型展开研究。程小敏等（2016）分别从宏观政策、中观产业和微观企业三个层面回顾并总结了“十二五”期间餐饮业的发展历程和特点，基于“十三五”提出的“创新、协调、绿色、开放、共享”的新发展理念从创业环境、业态结构、资源配置和食品安全等角度分析了餐饮业未来发展的趋势。杨遥等（2018）分别从规模扩张、盈利、开拓创新、人才聚集、文化驾驭和品牌塑造能力六个方面，对正餐企业行业竞争力进行深度研究，从产品、运营效能、资本实力和人才四个角度提出正餐企业应对转型升级的途径。刘昕琳等（2020）的研究主要集中在国际餐饮连锁企业，以美国、日本等发达国家的领先餐饮连锁企业为例分析餐饮企业在物流运作与供应链管理上的运用，找到供应商管理、集中采购、中央厨房加工处理、集中配送和信息技术等一系列物流与供应链管理技术对企业规模化发展的关键作用。黄永胜等（2015）为高端餐饮企业转型发展道路提供了借鉴，通过对比五家上市餐饮公司的财务数据，提出差异化多品牌发展是高端餐饮企业转型的最佳选择。黄乐（2019）以新零售背景下海底捞转型为案例进行研究，总结了连锁餐饮企业在不同阶段转型成功所要识别的核心竞争力，不断强化以形成资本积累，打通产业链不同参与要素之间的渠道界限，并持续以技术创新作为企业革新的推动力。余丽霞等（2020）从财务视角分析了餐饮企业受疫情影响而面临的财务困境，提出企业需从对内加快转型升级和加强内部管理，对外探索和应用国家/地方出台的针对小微企业财政、金融优惠政策以扩充融资渠道，解决资金问题。

②劳动收入影响

数字化转型作为企业立足市场长期发展的新路径，学术界对其是否能够优化企业劳动收入结构、提高收入水平存在一定争议。廖红伟等（2023）利用2012—2020年中国沪深A股上市公司数据进行实证检验，提出数字化转型通过工资率和劳动生产率从整体上提升了企业劳动收入份额。企业数字化转型对劳动收入份额的提升效应在非国有企业、数字经济核心行业和非省会城市更强。伴随数字化转型，城乡收入不平等和城乡收入差距得到有效的改善。龚星宇、余进韬（2023）基于2012—2022年企业和个人调查数据，研究企业数字化转型对劳动收入不平等的影响。提出企业数字化转型通过生产率提升的非对称性和人力资本结构提升两条路径影响劳动收入不平等，数字能力鸿沟的弥合能够缓解企业数字化转型对劳动收入不平等的扩大作用。薛龙（2023）基于文本分析方法衡量上市企业数字化转型程度，实证研究企业数字化转型对劳动收入份额的影响及作用机制。研究结果表明：企业数字化转型对劳动收入份额的促进作用在高内部治理水平企业、高新技术企业以及中小规模企业中更为显著。国外对于企业数字化转型对劳动收入影响的研究较少。R. Sundaram（2024）系统研究了企业数字化转型对劳动收入模式及供应链的影响。N. Chicu（2019）使用麦肯锡研究所（2015）提出的模型，对从两个焦点小组收集的信息进行定性分析，评估金融服务的数字化转型水平，从人力资源角度确定数字化转型进程的趋势和金融服务专业公司的优先事项。

1.3.2 价值链研究

价值链是产业链在各产业内部的延伸，是产业链上各个价值环节的有机整合，产业链是价值链的物质基础。学术界对价值链的研究大致可以分为价值链概念研究与价值链管理研究两大类。

（1）价值链概念研究

1985年，哈佛商学院教授波特（Michael E. Porter）首次提出价值链的概念。他认为通过识别价值链上的活动可以帮助企业明确内外部竞争优势，从而支持企业创造价值。自此，国外学者对价值链的研究开始增多。Rayport 等（1995）在波特提出的价值链概念的基础上进一步延伸出了虚拟价值链。在虚拟价值链的概念中，信息在企业创造价值的过程中占据了很重要的部分，由信息形成的虚拟价值链不断帮助企业实现价值增值。1998年，英国卡迪夫商学院的供应链官、管理学教授Peter Hines在原有基础上，对价值链概念进行进一步扩展。Peter Hines开始重视将客户需求作为价值链导向，认为企业生产应当以客户和服务作为主导逻辑，所有活动应以消费者为中心展开，企业上下游的协作对核心企业发展的重要性，价值链的范围开始包括企业外部供应链。Tapia（2020）认为企业价值链不仅包括企业内部价值活动，还应包括企业外部的各种价值活动。国内对价值链概念的研究要晚于国外。1997年，张旭波将波特的价值链理论引入中国，并认为本公司价值链与其他经济单位的价值链是相联结的，任何公司的价值链都存在于一个由许多价值链组成的价值体系中，供应商、公司、购买者的价值链就组成了一个重要的体系。该体系中各价值行为之间的联系对公司竞争优势的大小有着至关重要的影响。王唯佳（2024）借助价值链理论对企业实际经营以及成本管控情况进行分析，认为价值链成本控制是围绕企业研发、采购、生产、销售等多价值链环节开展有效的成本管控工作。陈钰鹏（2023）认为企业价值链管理是指通过对企业内部和外部的价值活动进行分析，以实现成本降低的目标。

（2）价值链应用研究

自1985年，波特首次提出价值链后，学术界就聚焦于价值链理论应用研究。Estampe 等（2013）指出，企业应当将价值链分析方法引入绩效考核中，从公司战略的角度对绩效进行评价，为管理人员制定相关决策提供依据，有利于完善公司的组织结构、规范生产经营流程以及薪资分配制度。G. Farina（2019）研究了公共服务部门价值链理论在伯南布哥州公立高中院校的适用性。国内对价值链应用的研究方向广泛，其中对价值链应用于企业成本管理的研究较多。田雨（2024）将价值链引入物流企业管理中，推动物流企业内外部成本有效管理。陈娟娟（2024）认为基于价值链视角开展的成本管理能够使整个管理模式得到优化，有效减少成本投入。魏秋桐（2024）以苏宁易购为例，挖掘价值链成本管理在案例企业中的实际应用情况，认为价值链成本管理在企业内部的应用有助于管理者工作效率的提升，同时可以帮助管理者更好地了解各个环节的价值活动实施过程，以便作出与市场发展相符合的战略调整。

（3）价值链位势研究

库普曼等（2010）首次提出价值链（Global Value Chains，GVCs）位势核算的概念和测度方法，构建了“价值链地位指数”，认为一国出口的间接国内增加值率高于国外增加值率时，则属于价值链相对上游位势，反之则是相对下游位势。但这种地位指数不能直观显示出一个国家及这个国家所属的部门在价值链中的位置情况，只是单方面地关注出口贸易环节，对国内需求环节却没有关注。魏秋桐（2024）提出“价值链位置指数”，重新定义了国家-部门层面的价值链位置，将分解模型以及当前价值链位势测算指标的缺陷进行了修正，更完整、准确地描绘国家和部门在价值链中的角色。Antràs 和 Chor（2018）指出，上游度指数也是重要的测度指标，可以应用到价值链位势核算中去。Tapia（2020）从生产阶段数和产品部门到最终消费部门的距离角度定义了上游度。此后部分学者尝试改进该方法，力图准确测度价值链位势及其演进趋势。

长期以来，由于原材料、技术水平、劳动力资源和资本情况等发展要素的分工与组合，价值链所展示出来的分工关系与位势格局主要体现为：以发达国家占据主导、发展中国家处于被支配的状况。但现今世界正经历百年未有之大变局，国际面临多重不确定性和不稳定性，政治经济秩序出现很多意外状况，价值链也随之发生局部断裂，以大数据、人工智能、云计算、5G 等为代表的新一代信息技术革命正重塑价值链，引发国家位势格局演变，给全球经济体系带来深刻影响。国家在价值链的位势变动，意味着在全球范围内各国经济利益以及价值在价值链每个环节或节点上重新分配，发达国家和发展中国家在价值链低端和高端间移动发生的位势和角色改变。

L. Brandt（2011）研究指出经济发展水平越高的国家，相应的，其产业体系也越先进，具备更多生产增加值率高的产业。Lampon 等（2018）认为发达国家长期占据价值链高端位势，处于主导支配价值链分工的优势位置。赵放（2014）认为大部分发达国家处于价值链的设计研发、品牌销售等两端环节，资本密集型和技术密集型产业优势较为明显。刘斌（2020）认为发达国家产业转移效应明显，借助高端产业回流、中低端产业外迁模式持续占据价值链高端位势。

价值链分工为具备基本条件且采取开放发展战略的发展中国家带来发展机遇的同时，也导致发展中国家价值链的发展空间遭遇多重挤压。邵朝对等（2019）研究发现，一方面，部分学者认为发展中国家借助自身的劳动力成本和基础设施建设优势，通过对国际先进技术与管理经验的引进、学习和模仿，日渐融入以发达国家为主导的价值链分工体系，价值链位势呈上升态势。有学者以服务业为研究主体，指出中国服务业价值链位势呈现明显的阶段性特征，即整体处于价值链中下游位置，但其位势正不断攀升。利用生产分解模型，从前向和后向联系综合考察中国价值链位势的特征，认为2000—2014年中国在价值链中的位势演变呈“V”形轨迹。另一方面，部分学者强调发展中国家遭受“锁定”和“俘获”，陷于价值链低附加值环节，处于低端位势。倪红福、夏杰长（2021）认为发展中国家以“低端入”的方式融入价值链分工体系（Antimiani and Cernat，2021），随着发展中国家劳动力、土地等要素成本不断上升，低成本竞争优势逐渐丧失，由于发展中国家自主研发能力较为薄弱，暂未掌握关键零部件的生产技术，大部分发展中国家仅参与价值链加工组装环节，面临着“低端锁定”的风险和困境，价值链分工演进中“机会不均等”和“地位不平等”的矛盾突出。

就我国而言，2001年中国加入世界贸易组织（WTO），国内制造业企业凭借人口红利和资源禀赋嵌入价值链，获得了大量代工机会和分工任务，外贸成为拉动中国经济增长的三驾马车之一。金融危机后，发达国家需求不振。“十四五”时期，中国面临更加严峻的贸易环境，由于在逆全球化思潮影响下保护主义加剧，中国可能面临更多的贸易摩擦，同时，货物贸易也将面临更大压力。贸易摩擦下，中美关税壁垒高企，中国国内经济增长与环境、成本、资源和能源矛盾的不断加剧，加快了劳动密集型产业转移的步伐。受多重不利因素的影响，外贸对中国经济的贡献逐渐式微。中国统计年鉴和Tiva数据库的数据显示，中国出口占GDP比重由2007年的37.6%下降至2017年的18.5%，出口国内增加值占GDP的比重也由2007年的25.6%下滑至2014年的18.7%。低端锁定、悲惨增长和挤出效应等GVCs的负面效应陆续显现。转方式、调结构、促创新、稳就业、稳外贸、稳外资的任务更加艰巨。为此，中国如何继续依靠GVCs获得分工任务，取得贸易利得，实现"稳就业""稳外贸"的目标，对推动中国经济高质量发展以及国际分工迈向价值链中高端具有重要意义，这是"十四五"规划纲要重点关注的问题，也是学术研究的重点内容。

横向开拓新的海外市场是"稳外贸"的途径之一。金融危机后，OECD国家普遍出现"贸易塌陷"，进出口额跌幅均超过10%，2005—2010年，欧盟与美国的进口额分别增加了27%和14%；巴西、中国和印度增幅超过100%，加速了GVCs中主要市场由北方国家向南方国家的转移。新兴国家旺盛的需求为中国开拓新的海外市场创造了条件。在中国-东盟自由贸易区的推动下，2018年中国对"一带一路"共建国家的进出口额占中国进出口总额的27.9%，同比增长13.3%，高于全国平均水平。

纵向攀升GVCs的高附加值环节，提高出口产品的国内增加值率是"稳外贸"的另一途径。如果仅仅横向开拓新兴国家市场，不进行价值链升级，中国仍将从事组装、加工等GVCs的低附加值环节。Brandt等（2011）指出，将市场锁定为低收入国家，容易导致生产者获利低微，并产生恶性竞争。这种竞争关系不利于技术落后的欠发达地区和技术领先的发达地区进行知识、技术和信息的融合、渗透，造成国内沿海省份和内陆省份发展的不平衡。为了规避横向产品层面的激烈竞争，中国各区域在产品内部的研发、生产和销售等环节纵向形成国内价值链。不同于沿海地区主要向国外直接出口产品而供国外生产或消费，内陆地区更多地提供原材料和中间产品给沿海区域，接着依靠沿海区域的最终产品出口间接参与GVCs。在诸如iPod和iPhone等产品的价值链条中，中国投入大量劳动力从事最终产品生产环节，国内增加值仅为产品售价的5%，生产屏幕、存储等中间产品的韩国企业的出口增加值占产品售价的近20%。

内陆省份在NVC中承担的中间产品生产环节对应于GVCs的中、高附加值环节，通过NVC对接GVCs，对于实现“稳外贸”的目标具有多重意义。首先，NVC与GVCs的对接融合，有利于激发内陆省份的出口潜力。中国对外贸易发展的初期，加工贸易盛行。沿海省份相对内陆省份具有区位优势，承接了绝大多数的加工贸易任务。加工贸易的特性又使得中间产品投入几乎全部通过进口，对内陆省份的要素投入出口产品形成“挤出”效应，抑制了内资企业通过中间产品间接参与GVCs，获取贸易利得。整合内陆省份中的优秀企业，连接NVC和GVCs，将拓展中国参与外贸活动的区域，增加国内参与出口的企业数量。其次，NVC与GVCs的对接融合，有利于提升出口国内增加值率。而且增加值核算体系矫正了国际贸易总值核算体系的“统计幻象”，揭示了中国出口国内增加值率偏低的问题。沿海省份过度嵌入GVCs中组装、加工等低附加值环节是出口增加值率提升缓慢的主要原因。内陆省份在NVC中负责原材料和中间产品供应，如果能够将这部分价值链条对接GVCs，将显著促进价值链的国内部分长度延伸，弥补加工贸易在中、高附加值环节的缺失，提高出口国内增加值率。最后，NVC与GVCs的对接融合，有利于抵御外部经济的不确定因素。控制GVCs核心环节的发达经济体相对处于GVCs边缘环节的新兴经济体具备非对称优势。这种优势体现于核心零部件的供给、高端人才和先进技术的积累，迫使依附于GVCs的新兴经济体失去议价能力，极易受到价格、成本波动的冲击。在贸易摩擦不断升级的极端情况下，中国企业甚至面临进口中间零部件断供的困境，企业的国内销售与出口活动均受到影响。重视NVC与GVCs的对接，增加国产中间产品的投入比例，有助于强化中国企业在GVCs中的议价能力，降低价值链暴露在外部风险中的比例。

已有的研究成果描绘出内陆区域经由NVC连接沿海区域，间接创造出口增加值的“稳外贸”路径。相关实证结果的呈现方式是将中国八大区域的出口增加值两分为直接参与GVCs获得的出口增加值和经由NVC间接出口获得的增加值，以经由NVC实现的出口增加值份额体现NVC在间接出口中的作用。本书认为上述研究方法仍有两点可以改善的地方：一方面，这一方法忽略了内陆各省份出口增加值占GDP比例的差异性，难以揭示NVC连接GVCs对国民经济的贡献大小。同为西北地区的陕西省和青海省，2012年经由NVC实现的出口增加值份额均接近各自出口增加值总量的50%，50%出口增加值占陕西省地区生产总值的7.9%，占青海省地区生产总值的2.5%。相同份额的出口增加值对两省国民经济的贡献悬殊，这是因为出口增加值对陕西国民经济的贡献超过15%，对青海GDP的贡献仅为5%。本书以各省出口增加值占GDP比例为基础，分别呈现NVC间接出口和GVCs直接出口对省域经济的贡献，消除了各省因为出口依赖程度差异对NVC间接出口实际贡献的影响。另一方面，从区域层面细化到省域层面测算出口国内增加值率，体现各省GVCs直接出口对其他省份中间产品出口的拉动作用。本书的研究发现，内陆省份不仅可以借助NVC连接沿海区域加入GVCs，间接创造出口增加值，也可以直接嵌入GVCs带动其他地区获得出口增加值。测算结果显示，借助安徽、陕西等内陆省份对接GVCs间接创造的出口增加值，已经超过了部分沿海省市。这一发现如果成立，将肯定内陆省份在“稳外贸”中供给中间产品和促进其他省份出口的双重作用；也可以反映NVC连接GVCs存在内陆到沿海和内陆到内陆两条路径。这体现了中国国内生产网络的复杂性，也拓展了NVC连接GVCs路径的多样性。

1.3.3 文献述评

关于企业数字化转型，以往学者大多数在企业进入数字化转型的动因及进行数字化转型的影响方面进行研究。在企业进行数字化转型动因方面，有学者从企业内部分析原因，认为企业进行数字化转型是为了降低供应链成本，消除冗余产能，进一步提升企业生产力。有的学者认为企业数字化转型是企业高管团队智慧决策的体现，企业高管团队的稳定性，对于数字化转型的理解力和执行力是企业是否进行数字化转型的关键。也有学者直接从企业领导者个人来研究企业数字化转型的动因，认为企业领导者个人对社会科技的感知能力、对数字化的敏感能力是企业能否数字化转型成功的关键所在。但是，一部分学者将企业数字化转型的研究聚焦在了外部原因上。有学者认为消费者和消费市场是企业未来发展方向的关键，企业数字化转型与否很大程度上取决于消费者的消费需求变化。也有学者认为外部社会变革、技术更新、竞争模式变换和制度政策变化是促进企业数字化转型的关键驱动因素。

学者对企业数字化转型的影响研究大致可以分为对企业绩效和对劳动收入的影响。在对绩效的影响方面，有学者通过典型案例研究发现企业完成数字化转型与提高企业绩效之间呈正相关关系。有学者在深入研究后发现企业数字化转型对企业绩效正向影响在技术密集型企业更加明显，其中，降低管理成本、融资成本是数字化转型对企业绩效提升产生正向影响的重要作用机制。关于企业数字化转型对劳动收入的影响研究，有学者认为企业数字化转型能够从整体上提升劳动收入份额。有学者发现企业数字化转型对劳动收入的影响不仅仅局限于企业内部，甚至对改善城乡收入不平等和城乡收入差距都有一定成效。

关于价值链的研究，大致可以分为价值链内涵研究与价值链应用研究。价值链的概念被提出后，有众多学者的研究聚焦于此，有学者在价值链的基础上延伸出虚拟价值链。1997年，价值链概念由张旭波引入中国，并在学术界和企业发展中得到广泛应用。在价值链应用上，有学者认为应当将价值链应用到企业绩效考核中，规范薪资分配制度。有学者将价值链引入企业成本管理和企业战略调整中。

综上所述，企业数字化转型和价值链在企业发展中的应用是有一定成效的。以往学者对企业数字化转型或者价值链的研究，多是将二者分开研究，单独研究其中的动因、影响和应用效果，很少有从价值链角度对企业数字化转型进行研究的。因此，本书将从实证研究、具体案例进行分析，以数据和具体案例为研究对象，研究价值链位势影响企业数字化转型创新的具体路径。

1.4 研究方法与结构安排

本书主要通过归纳总结法、案例分析法、定性与定量相结合等方法，充分收集相关数据资料，以价值链理论、创新网络理论、技术创新理论、经济学的相关理论和方法，建立了本书的研究体系。

归纳总结法是一种推理方法，指从个别性知识引出一般性知识的推理方法，也指从纷繁复杂的现象中，找出事物的本质、规律和内在联系，从而总结出一般性结论的思维方法。在写作中，归纳总结法指的是以文章前面的论述为依据，引出或重申文章的中心思想或结论。在实际应用中，归纳总结法常用于学术课题研究的最终阶段，通过准确、简练的语言，把研究内容作全貌式的纲要性总结。归纳总结法还包括归纳知识点和归纳解题方法两层含义，是一种非常实用的思维方法和学习方法，也是一种常用的研究方法，通过对已有文献、数据和实验结果进行概括和总结，从而得出结论和发现。

案例分析法亦称为个案分析方法或典型分析方法，是对有代表性的事物（现象）深入地进行周密而仔细的研究从而获得总体认识的一种科学分析方法。案例分析法是一种常用的研究方法，它通过对具体案例的分析来得出结论和观点。这种方法可以帮助研究者深入了解特定问题，并从中获取有价值的信息。在课题研究中，案例分析法可以帮助提供具体的例证和数据支持，增强课题的可信度和说服力。具体分析步骤为：①依据分析目的，选择有代表性的事件作为分析研究对象。②全面收集有关被选对象的资料，包括直接资料和间接资料。可以收集他人对该对象进行研究的间接资料，但是主要收集第一手资料（直接资料），包括事件参与者亲自写的实验记录、学术报告、著作、论文及笔记等，尤其重视收集系统的数据资料。③系统地整理收集到的资料，依据分析研究的项目和内容进行分类。④对所要求分析的内容（如特征、属性、关系等）进行逐项分析研究。⑤对各项分析结果进行综合分析，探求反映总体的规律性认识。该方法既可被用来为某种假说作论证，又可把得到的研究成果作为更广泛研究的基础。在从个别到一般或从一般到个别的认识过程中均能发挥作用。该方法也有一定的局限性，个别不等于一般，而且在选取研究对象时有一定的主观随意性等。在实际研究工作中，应与其他研究方法结合起来使用。

定性研究是指研究对象属性的质性描述、分析和解释。定性研究强调对现象的观察和描述，依靠研究者的主观感受、经验、分析和解释，主要通过文字、图表、图片等形式进行呈现。定性研究通常适用于研究对象难以用数字化指标或标准来描述的领域。定量研究则是指用数字化指标和标准对研究对象进行度量和描述的研究方法。它通过量化研究对象的属性和变量，从而得出精确的统计结果。定量研究适用于研究对象可用数字化指标或标准来描述的领域。定性和定量是两种不同的研究方法，它们各自适用于不同类型的研究问题和研究对象。

定性与定量研究拥有各自不同特点。定性研究的特点包括：一是着重于描述和解释研究对象的现象、现象间的关系和发展趋势等；二是对研究对象的了解和理解具有较强的主观性和经验性；三是研究结果通常以文字、图表等形式呈现，较为直观和生动；四是研究过程通常较为灵活和开放，有利于研究者深入了解和探索研究对象。定量研究的特点包括：一是着重于用数字化指标和标准来描述、度量和比较研究对象；二是对研究对象的了解和描述具有较强的客观性和准确性；三是研究结果通常以统计数据的形式呈现，较为精确和可靠；四是研究过程通常需要遵循一定的研究设计和统计方法，有利于研究者得出可比较和可重复的研究结果。定性方法适用于探索性研究，而定量方法则适用于验证性研究。

在研究设计和方法选择过程中，研究人员需要根据研究目的和数据类型来确定采用哪种方法，或者将两种方法结合起来使用。

本书各部分的逻辑关系为：第1章为绪论。对价值链以及数字化转型从国家、社会和学术界几个层面进行背景分析，系统地对国内外相关研究进行综合整理分析，并进行述评，提出研究问题，明确该问题的理论意义和现实意义。第2章为理论基础与研究假设。对本书应用到的理论进行概述，并提出研究假设。第3章为实证研究。主要是构建研究模型，进行实证分析。第4章为案例分析。以餐饮企业为研究对象进行案例分析。第5章为案例分析。以制造业企业为研究对象进行案例分析。第6章为政策建议。在实证研究与案例分析的基础上，提出相应的对策建议。第7章为结论。对本书研究进行总结展望。

1.5 创新点与不足之处

本书有以下几个创新点：第一，以价值链作为切入视角，在现有研究的基础上，对价值链视角下企业数字化转型进行多维度解析，厘清价值链提升的本质要求和企业数字化转型的具体路径，弥补价值链理论在企业数字化转型研究中的不足；第二，借以西贝餐饮集团和三一集团发展的具体情况作为实际案例，去分析价值链视角下企业数字化转型创新的必要性和过程性，以案例的形式呈现企业数字化转型的过程，提出餐饮行业数字化转型的具体路径和关键策略。

尽管上述研究框架在多个方面展现了对企业数字化转型特别是价值链视角下的深入分析，但仍存在一些不足之处，这些不足可以作为未来研究或完善现有分析的方向：

首先是案例选择的局限性，以西贝餐饮集团和三一集团为案例进行研究，虽然能够深入剖析其数字化转型的具体实践，但可能因行业特性、企业规模、市场地位等因素的特定性，导致研究结论的普适性受限。不同企业在数字化转型过程中面临的挑战、资源禀赋及外部环境可能存在显著差异，因此，未来研究可以考虑纳入更多跨行业、跨规模的案例，以增强结论的广泛适用性和说服力。

其次是动态性与时效性问题，价值链和企业数字化转型都是高度动态和快速发展的领域。随着技术的不断进步、市场环境的快速变化以及政策导向的调整，现有研究可能难以全面捕捉这些动态变化对企业数字化转型策略的影响。因此，未来研究需要更加注重跟踪和分析最新趋势，及时调整研究框架和结论，以确保其时效性和实用性。

2

理论基础与研究假设

2.1 理论基础

2.1.1 价值链理论

（1）价值链的概念

价值链（Global Value Chain，GVC）是指商品和服务在全球范围内的生产过程，多个国家和地区的不同公司和工人共同参与这个过程。这一概念强调了生产的国际化分工，即不同国家和地区在生产过程中的专业化与协作。在价值链中，一个产品可能在一个国家进行设计，在另一个国家进行零部件的生产，然后在第三个国家进行组装，最后在多个国家进行销售和服务。这种分散化的生产模式使得各国可以根据自身的比较优势参与国际分工，提高生产效率，降低成本，同时也促进了技术的传播和全球贸易的发展。根据 J. Dedrick（2022）在第五版《国际经济学手册》中的定义，价值链是指为消费者提供产品或服务时涉及的一系列阶段，每个阶段都增加价值，并且至少有两个阶段在不同的国家进行生产。这个定义强调了全球生产共享的重要性，以及它在创造国际贸易流量和多国活动中的作用。D. Hummels（2022）的工作不仅定义了价值链，还深入探讨了它们如何影响国际贸易和生产模式。该研究回顾了用于衡量全球生产共享在世界经济中的相关性的“宏观方法”，并对至今为止研究中使用的国家和行业级别的数据集（或世界投入产出表）进行了批判性评估。此外，该研究还讨论了新兴的“微观方法”，这种方法使用企业级数据集来记录企业如何将价值链分割到不同国家。

在理论方面，R. Koopman（2022）提出了一种类似的文献分析方法。首先，他们回顾了大量开发国家和行业级别的定量框架的工作，这些框架可以轻松地与世界投入产出表校准，并为反事实分析提供了便利。其次，他们概述了将企业而非国家或行业作为相关分析单位的微观级别框架，并揭示了一些独特的机制，通过这些机制，价值链以不同于传统国际贸易模型的方式塑造了国际贸易流量的决定因素和后果。

价值链的概念体现了经济全球化的深入发展，也是国际生产与投资活动的重要特征。随着价值链的深化，各国经济更加紧密地联系在一起，形成相互依存的全球经济格局。在这一格局下，国际合作与协调显得尤为重要，各国需要共同维护多边贸易体系，推动构建开放型世界经济，实现共同发展与繁荣。价值链的发展可以追溯到20世纪50年代和60年代，当时国际贸易和投资的增长推动了全球化生产模式的兴起。随着交通运输和通信技术的进步，跨国公司开始将生产过程分散到全球各地，以利用不同国家和地区的资源和劳动力优势，这种分散化的生产模式使得价值链的形成成为可能。

价值链的发展对世界经济产生了深远影响。首先，它促进了全球贸易的增长。由于生产过程的分散化，各国之间的贸易往来更加频繁，商品和服务的流通更加便捷。其次，价值链提高了生产效率和产品质量。通过将生产过程分解为多个环节，各国可以根据自身的优势进行专业化生产，从而提高整个生产过程的效率和质量。最后，价值链促进了技术的传播和创新。在价值链中，不同国家和地区的企业可以通过合作和交流，分享技术和管理经验，推动创新的发展。

然而，价值链也带来了一些挑战。首先，价值链使得各国经济更加紧密地联系在一起，增强了经济风险和传染性。当一个国家或地区发生经济危机时，其影响可能会迅速传播到其他国家。其次，价值链可能导致一些国家和地区在全球生产过程中的地位较低，主要从事低附加值的生产活动，难以实现产业升级和经济增长。最后，价值链也带来了一些环境和劳工问题。在价值链的生产过程中，一些国家和地区可能忽视环境保护和劳工权益，导致资源过度消耗和劳工权益受损。面对价值链带来的挑战，各国要加强沟通和协调，共同应对。首先，各国可以通过加强贸易政策和投资政策的一致性，推动价值链的公平和可持续发展。其次，各国可以加强产业政策和创新政策的合作，推动产业升级和技术创新。最后，各国可以加强环境政策和劳工政策的协调，推动价值链的绿色和包容性发展。

总之，价值链是经济全球化的重要组成部分，对世界经济产生了深远影响。各国应该积极参与价值链，加强合作和协调，共同应对挑战，推动全球经济的可持续发展。同时，价值链也为各国提供了机遇，通过参与价值链，各国可以实现产业升级、技术进步和经济增长，实现共同发展与繁荣。

（2）价值链理论

过去几十年，有一段时期，随着信息通信技术（ICT）的快速发展和国际贸易自由化程度的不断提高，跨国公司的活动变得越来越活跃，这促进了中间品贸易的繁荣。传统的基于最终品的贸易理论已无法很好地解释这一现象。因此，21世纪初，对价值链（GVC）的研究开始兴起。B. Los等（2020）研究回顾了价值链领域的快速发展，分析了多个被高度引用的概念框架，并评估了在国际商务、综合管理、供应链管理、运营管理、经济地理学、区域和发展研究以及国际政治经济学等学科中发表的GVC研究。他们的工作基于价值链的概念框架，从比较制度的视角出发，审查了微观和宏观层面的关键治理问题。研究结果表明，其中一些问题比其他问题获得了更多的学术关注。他们提出了未来研究的多个主题，例如价值链治理的微观基础、价值链映射、学习、领先公司所有权和战略的影响、价值链安排的动态、价值创造和分配、金融化、数字化、新保护主义的影响、价值链对其宏观环境的影响以及链级绩效管理。R. Baldwin（2022）在21世纪初对价值链理论的贡献是对此前关于全球生产网络的研究进行了补充和完善。他们强调价值链不仅包括生产活动的地理分布，还包括价值创造和利润分配的过程。这一理论框架有助于我们理解全球生产网络中的价值流动和分配，以及企业如何在其中定位和竞争。在R. Baldwin（2022）的定义中，价值链是一个涉及多个国家和企业的复杂网络，这些网络通过设计、生产、分销和售后服务等环节将商品或服务从概念转化为消费者手中的最终产品。在这个过程中，不同的环节会产生不同的价值增值，而企业根据自身的比较优势参与其中某个或多个环节。

价值链分析关注价值创造如何在全球化背景下跨越不同的地理区域。这涉及生产活动的分散化和国际分工，以及不同国家和地区在价值链中的角色。价值链的治理结构决定了不同环节的价值分配和企业间的权力关系。主导企业通过控制设计、品牌和市场等关键环节，对整个价值链产生重要影响。企业或国家可以通过在价值链中升级到更高附加值的环节来提高其竞争力和经济收益。这种升级可能涉及技术、市场营销、品牌建设等方面的提升。参与价值链的企业面临着多种风险，包括市场波动、政策变化、供应链中断等。此外，依赖低成本劳动力的企业可能面临被锁定在价值链低端的风险。

联合国工业发展组织（UNIDO）在2002年对价值链的定义，提供了一个权威的视角，强调了价值链的跨国界特性、生产网络的复杂性以及价值创造的分布。这个定义指出了价值链涵盖了从原材料的采购、运输到半成品和成品的生产、分销，以及售后和回收处理等多个环节，形成了一个全球性的生产网络组织。

UNIDO的定义还突出了价值链中的几个关键要素：价值链涉及

多个国家和地区的生产参与者，包括企业、工人、供应商和分销商等，他们在全球范围内协作，共同完成商品或服务的生产。价值链不仅包括生产活动本身，还包括价值增值的过程和利润分配的机制。不同环节和活动产生的价值增值不同，这些增值的获取能力取决于参与者的技术、技能和市场力量。价值链中的企业之间存在紧密的互动关系，这些关系包括垂直关系（如供应商与制造商之间）和水平关系（如竞争对手之间）。这些互动关系影响企业的战略选择和市场表现。不同国家（地区）的企业在价值链中的地位和角色不同，这取决于它们的技术能力、资本积累、创新能力以及市场接入能力等。

UNIDO的定义强调了价值链作为一种全球化的生产组织形式，它不仅重塑了国际分工和贸易模式，还对参与国家和企业的经济发展产生了深远影响。在价值链中，发展中国家通常参与低附加值的制造和组装环节，而发达国家则占据高附加值的设计、研发和营销环节。因此，发展中国家需要通过技术创新、政策支持和教育投资等方式，提升在价值链中的地位，实现经济的可持续发展。

当前价值链的理论研究主要集中在治理、升级和经济租金的产生与分配这三个方面。价值链的治理研究关注的是价值链内部的组织结构、权力配置和各经济主体间的协调关系。Gereffi等（2016）提出的治理模式包括市场型、模块型、关系型、领导型和等级型，这些模式反映了不同参与主体在价值链治理中的角色和影响力。市场型治理侧重于价格机制和竞争，模块型治理强调标准化的接口和灵活的专业化，关系型治理依赖于长期的商业关系和信任，领导型治理由一个或几个核心企业主导，等级型治理则类似于传统的层级组织结构。价值链的升级研究关注的是企业或国家如何从价值链的低端向高端移动，提高其在价值链中的竞争力和附加值。Humphrey和Schmitz（2000）将产业升级分为工艺升级、产品升级、功能升级和链条升级四个方面。工艺升级通过改进生产流程提高效率，产品升级通过引进或开发新产品提升产品质量和复杂性，功能升级通过承担更高附加值的环节提升企业的地位，链条升级则是指企业转移到完全不同的、更高附加值的价值链。一些研究方向关注的是价值链中经济租金（即超额利润）的产生机制、来源以及如何在价值链的不同参与主体之间进行分配。进入障碍、市场力量、专有技术、品牌和知识产权等因素都会影响经济租金的产生和分配。研究这一问题有助于理解价值链中的利益分配不平等，以及如何通过政策干预促进更加公平的租金分配。

价值链的概念为我们提供了一个分析全球化生产的强大工具，它帮助我们理解全球经济的复杂性，并为企业和政策制定者提供了如何更好地参与和利用全球化带来的机遇的见解。通过理解和分析价值链，企业可以更好地定位自己的战略，政策制定者可以制定更有效的政策来促进经济发展和提升国家竞争力。

（3）价值链研究的四个维度

价值链是一个多维度的研究领域，涉及经济学、管理学、国际关系等多个学科。价值链研究主要从以下四个维度展开：结构维度、功能维度、治理维度和地域维度。

结构维度关注价值链的组成和布局。价值链由多个环节组成，包括设计、研发、生产、组装、营销和服务等。这些环节可以在不同的国家和地区进行，形成复杂的全球生产网络。结构维度的研究主要关注价值链的布局和组成，以及不同国家和地区在价值链中的地位和角色。在价值链的布局方面，结构维度的研究关注全球生产网络的地理分布和空间组织。这包括价值链的长度、宽度和深度等指标。长度指标关注价值链的环节数量和地理位置，宽度指标关注价值链的参与国家和地区的数量，深度指标关注价值链的垂直分工和专业化程度。在价值链的组成方面，结构维度的研究关注价值链的环节和活动的组成。这包括价值链的基本环节和辅助环节。基本环节包括设计、研发、生产、组装、营销和服务等，辅助环节包括物流、金融、信息和人力资源等。结构维度的研究还关注价值链的环节和活动的配置和优化，以及价值链的升级和转型。在价值链的地位和角色方面，结构维度的研究关注不同国家和地区在价值链中的地位和角色。这包括价值链的主导国家和地区的角色，以及价值链的参与国家和地区的角色。主导国家和地区通常掌控价值链的关键环节和核心能力，参与国家和地区通常从事价值链的非核心环节和辅助活动。结构维度的研究还关注价值链的地位和角色的变化和调整，以及价值链的利益分配和权力平衡。

功能维度关注价值链的运作和功能。价值链的运作涉及多个环节和活动的协同和协调，包括产品设计、生产计划、质量控制、物流配送、市场营销等。功能维度的研究主要关注价值链的运作机制和功能实现，以及价值链的效率和效果。在价值链的运作机制方面，功能维度的研究关注价值链的协调和协同机制。这包括价值链的信息共享和沟通机制，价值链的决策和协调机制，以及价值链的监督和评估机制。功能维度的研究还关注价值链的运作机制的创新和优化，以及价值链的运作效率的提升。在价值链的功能实现方面，功能维度的研究关注价值链的各个环节和活动的功能的实现。这包括价值链的产品设计功能的实现、生产计划功能的实现、质量控制功能的实现、物流配送功能的实现、市场营销功能的实现等。功能维度的研究还关注价值链的功能实现的创新和优化，以及价值链的功能效果的提升。在价值链的效率和效果方面，功能维度的研究关注价值链的运作效率和效果。这包括价值链的生产效率的提升、成本效率的提升、质量效率的提升、交货效率的提升、服务效率的提升等。功能维度的研究还关注价值链的效率和效果的评价和改进，以及价值链的竞争优势的提升。

治理维度关注价值链的治理和规制。价值链的治理涉及价值链的规则和标准的制定和执行，价值链利益相关者的权益的保护和维护，以及价值链的风险和冲突的管理和解决。治理维度的研究主要关注价值链的治理机制和治理效果，以及价值链的治理改革和治理创新。在价值链的治理机制方面，治理维度的研究关注价值链的治理结构和治理机制。这包括价值链的主导企业和非主导企业的治理角色、价值链的政府和非政府组织的治理角色，以及价值链的规则和标准的制定和执行机制。治理维度的研究还关注价值链的治理机制的创新和优化，以及价值链的治理效率的提升。在价值链的治理效果方面，治理维度的研究关注价值链的治理效果的评价和改进。这包括价值链的规则和标准的执行效果、价值链的利益相关者的权益的保护和维护效果，以及价值链的风险和冲突的管理和解决效果。治理维度的研究还关注价值链的治理效果的改进和提升，以及价值链的可持续发展的促进。在价值链的治理改革和治理创新方面，治理维度的研究关注价值链的治理改革和治理创新的推动和实践。这包括价值链的治理结构的改革和优化、价值链的治理机制的改革和优化，以及价值链的治理规则的改革和优化。治理维度的研究还关注价值链的治理改革和治理创新的推广和应用，以及价值链的治理改革的挑战和应对。

地域维度关注价值链的空间分布。价值链的空间分布是指全球生产网络中不同国家和地区在生产过程中的位置和相互关系。这种分布反映了全球化生产的地理特征，包括生产活动的分散化、国际分工的深化以及全球贸易和投资的流动。价值链的生产活动不再局限于单一国家或地区，而是跨越多个国家和地区。这种分散化生产使得企业可以根据各地的比较优势，如劳动力成本、技术水平、市场接近度等，来安排不同的生产环节。尽管生产活动在全球范围内分散，但往往在某些特定区域形成产业集群。这些区域可能因为特定的资源、基础设施、政策支持或产业基础而成为价值链的关键节点。价值链体现了不同国家和地区在生产过程中的专业化。一些国家可能专注于设计和技术开发，而另一些国家则专注于制造和组装。这种国际分工促进了技术和知识的传播，提高了生产效率。跨国公司在价值链的空间分布中扮演着重要角色。它们通过直接投资和建立全球生产网络，将不同国家和地区的生产活动连接起来，形成复杂的全球生产体系。价值链导致贸易结构发生变化，中间品贸易成为全球贸易的重要组成部分。跨国公司通过价值链将中间品在不同国家之间运输，以实现最终产品的生产。价值链的空间分布对经济发展、国际贸易、产业政策和地区发展等方面都有重要影响。它不仅影响了各国在全球经济中的地位和角色，还影响了全球经济的稳定性和抗风险能力。因此，理解和分析价值链的空间分布对于制定有效的经济政策和参与全球竞争具有重要意义。

（4）价值链升级

提升价值链的级别是发展中国家和企业面临的关键挑战之一。在全球化的背景下，企业需要不断地提升自身的创新能力、技术能力和市场能力，以实现在价值链中的升级，从而获取更高的附加值。根据Humphrey和Schmitz（2000）的分类，价值链升级的具体类型包括，通过改进生产技术、提高生产效率、降低成本来提升竞争力。这种升级通常涉及对现有生产流程的优化和自动化，通过开发新产品、提升现有产品的质量和改进产品功能或设计来提升产品的市场竞争力。这需要企业具备较强的研发能力和市场洞察力。企业从生产环节转向具有更高附加值的活动，如设计、营销、品牌建设和供应链管理。这种升级使得企业能够参与价值链中更高附加值的活动。企业转移到完全不同的、更高附加值的价值链。这通常需要企业进行重大的战略调整和创新。

吴建新等（2008）指出，企业实现这些升级的动力主要来自新知识和技术的获取，这些新知识和技术的获取可以提升企业的能力，从而推动企业在价值链中的升级。企业可以通过内部研发、外部合作、技术引进和人才培养等方式来获取这些新知识和技术。在实现价值链升级的过程中，地方产业网络的作用至关重要。地方产业网络可以通过提供支持性的政策环境、促进知识共享和技术扩散、建立合作性的研发机构等方式来帮助企业获取新知识和技术，从而推动企业的升级。同时，地方产业网络还需要克服来自发达国家主导的跨国公司的挑战和压制，通过不断地创新和革新来提升自身的竞争力。

价值链升级路径的研究中，创新被广泛认为是推动企业从价值链低端向高端攀升的关键机制。学者们普遍认为，发展中国家和地区的企业应该通过创新来提升其在价值链中的竞争力，从而实现价值链升级。Kadarusman 等（2013）的研究指出，地方企业不应仅依赖成本优势，而应通过技术创新和产品升级来增强在价值链中的整体竞争力，实现向价值链高端的飞跃。这一观点强调了技术创新和产品升级在价值链升级中的核心作用。张鹏和王娟（2016）、姜煜（2019）的研究也支持了这一观点，他们认为应激发持续技术创新的内生动力，将新的技术成果广泛应用于新产品的生产流程，并创造出新的产品市场，从而实现制造业价值链的升级。这些研究表明，创新驱动的价值链升级路径需要企业、产业网络和政策制定者的共同努力。企业应加强研发投入，建立创新管理体系，培养创新能力；产业网络应提供支持性的环境，促进知识共享和技术扩散；政策制定者则应制定有利于创新的政策，提供资金支持，建立创新生态系统。总之，创新是价值链升级的核心动力，通过持续的技术创新和产品升级，企业可以提升在价值链中的地位，获取更高的附加值，从而推动经济的可持续发展。

价值链升级可以通过以下途径实现：通过引进、消化和创新技术，企业可以提高产品的技术含量和复杂度，从而在价值链中承担更高技术含量的生产环节；企业可以从前端的生产功能转向后端的设计、研发、品牌建设和市场开发等高附加值功能，从而在价值链中占据更有利的位置；通过改进生产流程和管理效率，企业可以提高生产效率和质量，降低成本，增强在价值链中的竞争力；企业可以通过开发新产品或改进现有产品，满足市场的新需求，提高产品的附加值；企业可以通过进入新的市场或扩大现有市场的份额，提高产品的销售价值和市场影响力；企业可以通过调整价值链的布局，将生产环节转移到成本更低或效率更高的地区，实现价值链的最优化配置。价值链升级的挑战包括技术创新的难度、市场准入的限制、国际竞争的压力以及价值链治理的不平等性等。为了实现升级，企业需要持续投资于研发和技术创新，培养人才，建立与国际标准接轨的质量管理体系，并积极与国际合作伙伴建立稳定的合作关系。同时，政府也需要提供有利的政策环境和制度支持，如提供资金支持、建设创新生态系统、改善基础设施、加强教育和培训等，以促进企业参与价值链并实现升级。

2.1.2 创新网络理论

（1）创新网络的定义和特征

创新网络理论是一种研究创新过程和创新系统中各种主体之间相互关系、互动和合作的理论。它强调创新不是一个线性过程，而是一个复杂、非线性、动态的过程，涉及多个主体、多种资源和信息的交流和整合。创新网络是指在一定区域内，各种主体（如企业、大学、研究机构、政府等）通过正式或非正式的合作和交流，共同参与创新活动，形成一种相互依存、相互支持的网络关系。创新网络具有以下特征：多样性，创新网络中包含各种类型的主体，具有不同的知识、技能和资源；互动性，创新网络中的主体之间通过各种形式的交流和合作，实现知识和信息的共享和传递；开放性，创新网络具有开放性，能够与外部环境和资源进行有效的互动和整合；动态性，创新网络是一个动态变化的过程，随着外部环境和内部条件的变化，网络结构和关系也会发生变化。

Imai和Baba（1989）首次提出了创新网络的概念，他们认为创新网络是系统创新的一种基本制度，其中组织间的创新合作关系是其主要的联合机制。在Imai和Baba（1989）的研究基础上，Freeman（1991）进一步深化了创新网络理论，他将创新网络划分为多种类型，并强调了企业间创新合作关系作为网络架构的主要联结机制。Freeman（1991）还将“创新网络”定义为以企业间的创新合作关系为网络架构主要联结机制的系统性创新的一种基本制度安排，并划分了创新网络的多种模式类型，如研究协会、合资企业和研究公司、生产分工和供应商网络、技术交流协议、分包、合作研发协议以及政府资助联合研究项目等。

创新网络的影响因素包括外部环境和内部条件两个方面。外部环境主要包括政策环境、市场需求、技术进步等。内部条件主要包括创新主体的能力、资源、合作关系等。创新网络对于促进创新活动、提高创新能力和效率、推动经济发展等方面具有重要的作用和意义。创新网络可以促进知识和技术的传播和共享，提高创新主体的创新能力和竞争力；可以促进资源和信息的整合和优化，提高创新效率和效果；可以促进创新主体之间的合作和协调，推动创新活动的开展和经济发展。

（2）创新网络理论

封闭式创新（Closed Innovation）理论是传统的创新观念，它认为企业应该自主进行研发，保持对技术和知识的严格控制，通过内部研发活动来产生新产品和服务，并以此获取市场优势。这种模式在20世纪的大部分时间里被许多企业采用，尤其是那些在技术领域具有领先地位的大型企业。然而，随着知识经济的到来和全球化竞争的加剧，封闭式创新的局限性逐渐显现。企业在研发上的投入越来越大，但创新的成功率并没有显著提高，同时市场变化和技术进步的速度使得内部研发难以跟上外部变化的步伐。开放式创新（Open Innovation）理论是认为企业应该同时利用内部和外部的想法和资源来推动创新的。开放式创新认为企业不仅应该利用自己的研发能力，还应该积极寻找外部的技术和知识，通过合作、联盟、技术购买、开源创新等方式来加速创新过程。这种模式鼓励企业与供应商、客户、竞争对手、研究机构和其他利益相关者建立合作关系，共同开发和推广新技术和新产品。

在全球化背景下，企业面临的竞争压力越来越大，技术更新换代的速度也越来越快，这就要求企业必须更加开放和灵活地应对外部环境的变化。创新网络的形成，有助于企业通过与不同类型的组织合作接触到更多领域的专业知识和技术。研发新产品的成本和风险可以通过合作伙伴共同承担，从而减轻单一企业的负担。通过共享资源和信息，企业可以更快地开发和推出新产品或服务。与客户、供应商等合作伙伴的紧密合作，可以帮助企业更好地理解市场需求，从而开发出更符合市场需求的创新产品。创新网络中的知识流动可以促进新技术、新理念在不同组织之间的传播和应用。通过创新网络，企业可以整合内外部资源，提高自身的创新能力和市场竞争力。创新网络的构建和实践需要企业具备一定的战略眼光和管理能力，以确保网络的有效运作和持续发展。同时，政府、教育机构、中介组织等也需要提供相应的支持和服务，以促进创新网络的健康成长和良性循环。

Freeman（1991）对创新网络理论的贡献是显著的，他在前人的研究基础上，进一步深化了对创新网络的理解。创新网络不仅包括正式的网络关系，如合资企业、研发联盟、产业链合作等，还包括非正式的网络关系，如人际关系、社交网络、非正式的交流与合作等。这种观点强调了网络关系的多样性和复杂性。他指出，非正式网络关系中嵌套着正式网络关系，这意味着在看似松散耦合的网络联结中，实际上存在着紧密的协作和交流。这种松散耦合的关系有助于网络成员在保持一定独立性的同时，进行有效的知识和信息交换，从而促进创新。学者们在 Freeman（1991）的研究基础上，通过实证研究和案例分析，不断地补充和完善创新网络理论。他们研究了不同类型的网络结构、网络动态、网络治理、网络中的知识流动、网络对创新绩效的影响等多个方面。这些研究为我们提供了更深入的理解，即创新网络是一个动态的、多维度的系统，它涉及多个层面的交互作用和协同演化。

创新网络理论的发展不仅对企业的创新管理实践具有指导意义，也对政策制定者提供了如何通过构建创新生态系统来促进国家和地区创新能力的重要启示。通过理解和利用创新网络，企业和政策制定者可以更有效地整合资源，推动技术创新，实现可持续发展。Koschatzky（1999）的研究强调了创新网络的几个关键特征，包括相对零散性、根植性、重新建构性和非正式性。这些特征使得创新网络成为组织内知识交流和学习的有效平台，特别是隐性知识的传递。隐性知识通常难以用文字或数字表达，它包含个人的经验、洞察力和技能，而这些知识往往对创新至关重要。创新网络的非正式性和根植性有助于建立信任和亲密关系，从而促进隐性知识的共享。Dhanaraj（2006）等的研究则侧重于创新网络如何通过核心企业的构建和设计形成一个高度灵活的松散耦合系统。这种系统的主要目的是实现企业的价值创造，通过灵活的组织结构和合作关系，企业能够快速响应市场变化和技术进步，从而提高创新效率和增强竞争力。这些研究表明，创新网络在促进知识共享、增强创新能力和推动企业发展方面发挥着重要作用。通过构建和参与创新网络，企业可以更好地整合内外部资源，实现技术创新，增强竞争力。同时，这也为政策制定者提供了如何通过支持创新网络的发展来促进地区经济增长和产业升级的重要参考。盖文启和王缉慈（1999）在研究区域创新网络对高新技术中小企业发展作用时发现，中小企业在发展过程中面临着诸如融资困难、市场环境不公平、企业间合作薄弱等问题。他们提出，通过构建区域创新网络，可以解决这些问题，并促进企业间的知识交流，从而提升企业的创新绩效。区域创新网络作为一种重要的组织形式，在信息经济时代和全球化背景下变得日益重要。它不仅有助于企业利用外部资源，降低创新风险，还能提高创新的效率。这种网络模式在解决复杂问题和利用企业外部资源方面展现出巨大潜力。例如，美国的硅谷、中国的中关村等地区就是区域创新网络成功的实践案例。魏江（2003）对产业集群创新网络的定义和研究，强调了网络中主体之间的相互关系和结构模式。在他的模型中，产业集群创新网络不仅包括企业之间的正式关系，如供应链和合作伙伴关系，还包括非正式关系，如企业间的信任、合作和文化联系。这些关系和结构模式共同构成了集群创新网络的基础。魏江将创新网络中的要素分为五个主要角色，包括：企业，指在集群内直接参与创新活动的企业；供应商和相关企业，提供原材料、组件或其他服务的企业，以及与核心企业有业务往来的相关企业；竞争者，在同一市场或行业内提供相似产品或服务的企业；需求者，购买集群内企业产品的客户或市场；公共部门，包括政府机构、研究机构、大学等，它们通过政策支持、资金投入、教育培训等方式影响和参与创新网络。

学者们为了更好地理解创新网络的内部机理和外部机制，从不同的视角对其进行了深入探究。这些视角可能包括：社会网络视角，研究网络中个体和组织的互动模式，以及这些模式如何影响知识和信息的流动；经济学视角，分析创新网络中的资源分配、合作成本和收益，以及网络对企业绩效的影响；制度理论视角，探讨制度环境和政策如何影响创新网络的形成和发展；创新系统视角，研究创新网络如何与更广泛的技术和创新系统相互作用。

通过这些不同的研究视角，学者们能够更全面地理解创新网络的动态性、复杂性和多样性，为实践中的创新管理和政策制定提供理论支持和指导。

（3）创新网络的类型

创新网络的四种类型，描述了不同结构和文化背景下的创新网络特点。这些类型根据网络成员之间的互动方式、控制结构、知识多样性和地理分布等维度进行分类。项目创新型网络（Project-based Innovation Networks），这种网络通常在一个公司内部形成，围绕特定的项目或任务组织。它们的特点是角色和工具的同质性，以及集中的等级控制结构。这种结构有助于快速识别和动员资源，以实现有效的知识和社会翻译。联合型创新网络（Alliance-based Innovation Networks），这种网络涉及多个组织，它们在集中控制下运作，通常在组织层次结构内或联盟中。联合型网络从多个学科和知识社区中吸取知识，并强调将这些知识集成到统一的数字或知识平台中。家族型创新网络（Clan-based Innovation Networks），这种网络由单一学科或紧密相关学科的参与者组成，他们之间进行认知和社会翻译。家族型网络的特点是缺乏集中的等级控制，参与者在地域和社会上分布较广，但仍然保持着紧密的联系和共同的价值观。无秩序型创新网络

（Anarchy-based Innovation Networks），这种网络的结构和动力最为复杂，通常没有集中的控制结构。在无秩序型网络中，对过程、结构和结果的控制分布在整个网络中，知识资源高度异构。这种类型的网络通常出现在开放的创新环境中，如开源社区，其中参与者自主合作，共同推动创新。这些创新网络类型展示了不同组织和文化背景下创新的多样性和复杂性。理解这些类型有助于企业和组织在设计和管理创新网络时，根据自身的目标和资源选择最合适的模式。

（4）创新网络理论的意义

创新网络理论是研究创新过程中各种主体之间相互关系、互动和合作的理论。它强调创新不是一个线性过程，而是一个复杂、非线性、动态的过程，涉及多个主体、多种资源和信息的交流和整合。创新网络理论认为，创新资源可以通过外部环境进行获取。企业、大学、研究机构、政府等主体通过合作和交流，共享资源、知识和技术，共同推动创新。这种资源整合和共享有助于提高创新效率，降低创新成本，实现资源的最优配置。创新网络中的主体通过交流和合作，实现知识和信息的共享和传递。这种知识传播和转移有助于加速新技术、新理念在不同组织之间的传播和应用，推动整个社会的技术进步和创新发展。通过构建创新网络，企业可以获取更多的市场信息和顾客需求信息，更好地适应市场变化。同时，企业可以充分利用外部资源和知识，提高自身的创新能力和竞争力，实现可持续发展。创新网络理论强调区域创新网络对高新技术中小企业发展的重要作用。构建区域创新网络，可以解决融资困难、市场环境不公平、企业间合作薄弱等问题，推动区域经济增长和产业升级。创新网络理论为政策制定者提供了如何通过构建创新生态系统来促进国家和地区创新能力的重要启示。政府可以通过制定相关政策，支持创新网络的发展，推动企业和行业的创新发展。创新网络理论强调创新过程的复杂性和动态性，有助于我们更好地理解和研究创新过程。通过研究创新网络的结构、运行机制、影响因素等，可以深化对创新过程的理解，为实践中的创新管理提供理论支持。创新网络理论将创新过程置于更广泛的社会背景中，强调不同主体之间的相互作用和影响。这有助于拓宽研究视野，促进学科交叉和融合，推动创新研究的深入发展。

2.1.3 技术创新理论

（1）技术创新理论的起源与发展

在探讨“创新”理念时，熊彼特的贡献是不可被忽视的。1912年，熊彼特在其经典之作《经济发展理论》中为“创新”一词作出定义，即创造性地对生产要素和生产条件进行重新配置。这一过程的核心目的在于探索并识别新的价值所在，同时追求实现超额利润的最大可能。在其理论的深层次探索与拓展进程中，熊彼特对创新活动进行了更为细致的划分，明确提出了五大重点范畴，包括新产品的研制与开发、新技术的引进与应用、新市场的开发与拓展、新材料的发掘与使用，以及新兴商业模式的构建与推进。这些分类为后续学者在技术创新与经济增长之间探寻深层次的互动机制提供了坚实的理论基础，促进了技术创新理论向更多层面的延伸与深化。

纵观学术研究的演进历程，对技术创新理论的探究逐步确立了四个核心学派。

首先，新古典主义学派依据新古典函数分析框架，深入探讨了技术创新如何加速经济增长，并强调技术创新是作为促成经济“飞跃式增长”的核心驱动力，即推动经济体从一个发展阶段直接跃升至更高层次。此外，该学派还着重指出，政府采取有策略性的介入和调节措施来引导技术创新活动，是确保经济持续稳健增长的重要途径。

其次，在继承并拓展熊彼特创新理论的框架下，新熊彼特学派深入分析了技术创新与其所处市场结构之间的动态相互影响。他们通过构建包含企业规模、市场竞争激烈程度以及垄断因素的市场结构模型，得出了一个适度竞争的市场系统最适宜唤醒并增强企业的技术创新动能的结论。

再次，制度创新理论学派采用了源自新古典经济学范式的分析工具，包括静态均衡和比较静态均衡方法，着重从组织结构、治理机制等制度层面，深入剖析了推动企业技术革新背后的动因。他们主张应构建一套鼓励创新的产权制度，通过强化个体激励，保障所有权权益以最大程度实现个人利益最大化，从而间接驱动经济增长。

最后，国家创新系统学派则强调了国家创新体系的重要性，该学派认为相较于单个企业的孤立行动，构建健全的国家创新体系对于优化资源配置具有至关重要的作用，这样能更大幅度地提升技术创新成果的产出效率。该学派强调在技术创新进程中与政府职能的紧密合作是至关重要的，着重指出政府需以技术创新为战略导向，通过精心设计并执行一整套政策体系与制度安排，激励不同类型的市场参与者积极投身到创新实践中。通过在各相关主体之间形成良性互动与协同效应，不断加强社会整体的创新效能与创造潜力，从而向经济持续增长的目标不断迈进。

各流派基于各自的独特视角，对技术创新现象展开了全方位、深层次的探索和剖析，不仅显著地充实并深化了技术创新的理论精髓，更为今后理论框架的进一步拓展打下了坚实的基础。通过不断发展变化的技术创新理论视角，我们能够洞察其理论的动态演变，揭示出技术创新过程不仅涵盖众多领域，而且具有复杂的互动影响机制，其表现形式同样呈现出多元化的特征。

（2）技术创新与产业升级

英国学者坎特维尔和托兰西诺在20世纪90年代提出，他们强调发展中国家产业结构的升级过程实质上彰显了其技术能力的持续提高态势。具体表现为，国家在经济发展过程中不断积累实践经验和工业化进程的逐层深入，推动了产业结构发生显著调整，使得发展中国家开始涉足并着力于高科技产业的生产与研发。同时，为了获取更高精尖的生产技术，这些国家会选择向发达国家进行投资，寻求技术转移和合作机会。

在结合技术创新、产业升级与价值链的视角下，可以清晰看到，发展中国家正通过内源性技术创新的影响，不断提升自身的技术和生产能力水平。随着这种能力的逐步积累和增强，产业链的工业化程度得到了持续优化和提升，从而有效促进了生产结构向更高级别、更复杂、高附加值产品的转变。在此基础上，企业通过积极参与国际直接投资，融入价值链分工体系，不仅拓宽了参与国际竞争的途径，而且进一步推动了产业结构的升级转型。

进一步扩展开来，这揭示了发展中国家在价值链中的位势变化如何通过技术创新和产业升级，驱动企业逐步从传统生产向数字化、智能化方向转变。企业通过深化技术能力积累，提升产业链的工业化水准，不断拓展对高附加值、高科技含量产品的生产能力，继而通过国际直接投资，不仅能够接入价值链的高端环节，而且还可以借鉴和吸收发达国家的先进技术和管理经验，促进自身创新能力的跃升。这样，企业便能在价值链中找准定位，通过数字化转型创新，有力地推动产业结构的升级优化，实现更高层次的发展。

（3）数字技术创新

数字技术作为数字经济体系的核心构成元素，在其对传统行业的深度融入过程中，其对传统行业的重构效应日益凸显，有力地推动了传统产业在生产模式、产品创新和服务优化等方面实现革新与价值跃升。沈国兵等（2020）从企业的微观视角来看，数字经济环境下实施互联网化经营策略能够显著提高企业的自主创新能力，并且这种提升效应随时间逐渐增强，即使是中小规模企业或生产效率较低的企业也能够从中受益。此外，从数字经济发展的关键引擎——信息与通信技术（ICT）的角度出发，强调了ICT与创新的紧密耦合关系。Salome（2014）深入探讨了数字经济的创新效应，特别是在分析信息革命对经济产生的间接影响——“知识传播”方面。他将信息与通信技术投入所带来的企业创新效应，进一步细分为两个层面，即垂直研发创新和水平研发创新。根据他的观点，数字技术不仅能够通过垂直研发创新来改进企业所在行业的整体表现，而且能通过水平研发创新来提高其他多个行业的整体技术水平。通过这两种方式，数字技术为各行业的技术进步和产业升级贡献了显著力量。

随着信息技术日新月异的进步，人类社会正在稳步迈入数字经济时代，数字经济以其强大的增长动能成为拉动经济发展的新引擎。这一崭新的经济形态凭借其独特的生产技术和商业模式，对传统的经济体系产生了深远而多元的影响。综上所述，要实现创新驱动发展战略的转型升级，即由过去的要素驱动和投资驱动转为创新驱动，就必须重视并积极推动数字技术创新的引领作用。

在数字经济时代背景下，企业正积极推行数字化转型战略，借助数字技术手段对价值创造流程进行重构，以有效适应外部环境变迁。数字技术集数字化、网络化及智能化于一体，是一种新兴技术范式。数字技术创新实质上涵盖在创新进程中运用数字技术手段开发新型服务和产品的一系列活动。这种创新形式不仅体现了创新进程的动态演进，同时也反映出创新成果的融合特性。随着数字技术的迅猛发展，创新活动的定义和产出界限逐渐变得模糊。目前学术界关于数字技术创新的概念尚未达成共识，存在多种表述，例如数字化创新、数字革新以及在数字经济领域的创新等。Abrell等（2016）通过融合创新成果与创新流程的理论观点，清晰地揭示数字技术对企业创新能力的双重影响机制。具体而言，企业能够通过利用数字工具，显著提升其创新绩效；同时，将数字技术元素巧妙地融入传统的非数字化产品和服务中，赋予其全新的功能属性。张森等（2020）在其研究中阐述了数字经济的创新概念。从狭义角度来看，数字经济创新涉及所有能够激发并响应新颖思维、先进技术、新型驱动力及创新模式的经济活动范畴。而从更广泛的视角出发，数字经济创新不仅包含了狭义层面的内容，还进一步扩展至数字经济框架下，影响社会生产力、生产方式，乃至生产关系的各类经济活动的总和。伴随着数字科技的日臻成熟和完善，数字化进程将持续深化并与其他技术领域相互交融，在这一过程中推动开放式的技术创新和变革进程。

数字经济的迅猛崛起及其与实体经济的高度耦合，已经成为驱动中国经济迈入高质量发展阶段的关键动力源泉。全球范围内，数字技术和全球化力量正以前所未有的高速度使全球经济格局发生巨变。研究证据表明，数字技术的蓬勃发展已经对中国对外贸易出口和海外直接投资带来了深远的影响。盛斌和高疆（2021）认为数字技术不仅正在深刻地改造传统的贸易模式，还在不断催生新型贸易形态；与此同时，对国际贸易的理论架构、实证研究、政策制定乃至规则建构均带来了全面深远的影响。

（4）价值链对技术创新的影响

在全球经济一体化的环境下，价值链已成为国际分工和产业合作的重要载体。近年来，学术界针对发展中国家企业在价值链参与程度与其技术创新活动之间的关系进行了广泛而深入的研究，并揭示了一种值得关注的现象：尽管参与价值链为企业提供了进入国际市场和获取技术溢出的机会，然而，相当一部分发展中国家企业并没有如预期那样借此契机跃升至更高的技术水平，反而在价值链中呈现一种持久的“低端锁定”状态。这一现象凸显出发展中国家企业在价值链中的位置对其创新能力发展的制约作用。发达国家在价值链顶端占据优势地位，得益于他们在核心技术研发、知识产权保护以及产业链高级环节的控制力。发达国家企业通过技术壁垒和知识产权制度的有效运用，限制了发展中国家企业的技术进步空间，使后者在价值链中更多地扮演低附加值生产的角色，难以突破技术瓶颈向上游转移，进而导致了“低端锁定”。另一方面，发展中国家企业自身的吸收能力不足也是造成此种困境的重要内因。吸收能力是指企业识别、消化、转化外来先进技术，并将其融入自身创新体系的能力。许多发展中国家企业由于技术研发基础薄弱、人才短缺、管理制度不健全等原因，无法有效吸收和利用跨国公司带来的技术溢出，从而阻碍了自身的技术创新步伐。再者，同一层次甚至更低层次发展中国家间的竞争替代效应也不容忽视。在寻求价值链整合的过程中，同类企业可能面临激烈的同质化竞争，为了短期内维持市场份额和成本优势，企业可能会倾向于维持现状，依赖低成本而非创新驱动发展战略，进一步加剧了价值链底层地位的固化。因此，接下来我们将深入探究价值链嵌入对技术创新所产生的三方面影响，包括价值链低端固化现象、技术吸纳能力受限问题，以及替代效应的波及影响。

首先，我们来探讨价值链低端固化现象。企业在与价值链体系实现整合的过程中，可能会出现被锁定在低附加值生产环节的情况，它在很大程度上会抑制企业的技术创新活力。该现象的根本动因在于：成熟经济体常占据全球供应链的顶端，借力发展中经济体的成本低廉优势以获得最大化利润，并持续创新以维系其全球引领的角色。此国际分工模式使得发展中经济体的企业多半被框定在低增值制造环节，难以向上突破并挑战成熟经济体在价值链高端的统治地位。具体而言，成熟经济体显示出对高附加值活动的重点倾斜，涵盖了产品孕育、技术研发与革新、品牌塑造与市场推广等领域；相比之下，发展中经济体主要从事诸如零部件加工、产品组装等劳动密集且增值较低的生产活动。在此背景下，成熟经济体凭借高额利润加速资本累积，强化其核心竞争力，使得发展中经济体对外部技术形成高度依赖，间接抑制了本土技术创新的进程；同时，发展中经济体在低端制造环节的长期禁锢，加之面临的技术壁垒，由于不具备核心技术及必要的创新基础条件，自然对企业的技术创新形成了抑制。

其次，考虑技术吸纳能力受限问题。融入价值链的企业在面临技术吸纳能力受限时，可能会遭遇技术创新的瓶颈。尽管融入价值链这一过程使企业能通过价值链中的协作分工，接触到采用先进核心技术的合作伙伴所提供的高端中间投入品及生产设备，但若缺乏有力的技术吸纳与转化机制，那么这些先进技术和管理模式将无法转化为企业自身的创新能力，反而会加剧企业对外部技术的依赖，形成一种阻碍企业自主创新的负循环。

最后，审视替代效应的波及影响。在融入价值链的过程中，发展中国家的企业遭受发达国家在价值链低端环节实施的锁定策略，其技术吸收能力的内在限制也是不可忽视的因素，加之来自其他新兴市场经济体的竞争压力日益加剧，发展中国家企业遭遇到替代效应，这对其技术创新产生了抑制作用。全球化的深入推动了更多发展中国家融入价值链的分工体系，这一趋势无形中引入了替代效应，特别是在新进国家对已建立位置的国家所构成的挑战方面，替代效应更加明显。同时，在力求价值链层级攀升的过程中，发展中国家内部的竞争状态变得更为白热化，尤其是当早期参与者因成本优势减弱而逐渐丧失其竞争力时，生产与分工的焦点更倾向于转向那些劳动力成本更为低廉的地域。这样一来，原本占有一定优势的发展中国家很可能面临被后来追赶者替代的风险。

（5）价值链背景下技术创新的影响机制与互动效应分析

学者们对于价值链因素对技术创新产生的影响存在不同的观点和见解，其中一部分持积极观点。比如，Ambos等（2021）的研究表明，随着价值链中生产环节的逐步细分，创新活动的地理分布呈现出全球化的趋势与可能，而研发活动的国际化分散布局通过增强企业获取全球知识资源的能力，对技术创新发挥正面效应。与此同时，陈凤兰（2021）在中国企业在全球生产网络中的位置视角下研究表明，随着进口下游化程度加深，企业技术创新水平得以提升。尽管如此，这些探讨主要聚焦于价值链的整合如何积极推动技术创新的发展机制，对于技术创新如何反过来促进价值链优化升级的相关探讨却并不充分。同时，也有学者表达了较为悲观的观点。以沈国兵和于欢（2017）的研究为例，他们在分析中指出，我国企业在投身于垂直专业化分工的过程中或许面临着制约其技术创新能力发展的特定障碍。

国内技术创新与资本要素的紧密结合，被视为提升中国高技术产业在价值链中地位的重要推动力。凌丹和张小云（2018）研究揭示，技术创新对于价值链的升级起到了稳定的推动作用。然而，不同技术密集度的制造业，关键的战略焦点有所不同。在技术密集型产业中，提高技术创新的效率至关重要，这将有助于行业从“高端产业低端运作状态”转向真正的“高端产业链高端位置”。非技术密集型行业，应增加对技术创新的投资，以促进其向技术密集型产业升级。此外，对于新兴市场经济体而言，加强国内中间产品的创新是突破对外国中间产品过度依赖所造成的价值链低端锁定的有效方法，这将有力推动制造业部门向价值链的高端迈进，尤其在高技术密集度的产业中，这种效应更为显著。另一方面，Ye等（2020）研究探讨了技术差距、价值链结构与碳强度之间的相互联系，并得出结论：当一国实现技术进步，即表示其与技术前沿的差距已发生实质性变化时，这种变化将促使该国在价值链中的地位进行相应调整，从而间接影响其碳排放强度。再者，王晓萍等（2021）的研究指出，我国当前以代工为主导的出口贸易模式难以为继，主要原因是此类模式下的企业多集中于组装环节，该环节技术含金量偏低，附加价值有限，且利润空间受到严重挤压，由于许多企业缺乏足够的自主创新动力和实力，它们往往深陷于价值链的低端环节，长期从事低附加值的加工贸易，这极大地加大了我国在价值链功能提升及链条升级方面的难度。

2.1.4 数字化转型理论

（1）数字化转型的概念

数字化转型是一个利用数字技术创新性地重塑组织运营机制的过程，旨在通过这种方式增强客户创造价值的能力和与利益相关者的互动体验。这一过程涵盖了对企业原有商业模式、业务流程及战略方向的重构，目的是最大限度地发挥数字技术的优势，以提升运营效率、灵活性和创新能力。在数字化转型过程中，可能会涵盖广泛的技术领域，包括但不限于云计算、人工智能、物联网、大数据分析及移动计算技术的应用。同时，为了充分汲取数字化带来的益处，企业往往还需要同步调整组织文化、人才结构及领导力范式。

数字化转型的核心目标在于构建一个高度以客户为中心、依托数据决策并具备快速响应能力的现代组织，使其能在当前高速运转、数字化特征显著的商业环境中保持有效竞争力。张骁等（2019）指出，对于传统企业而言，数字化转型的动力来源很多，包括新一代数字技术的突破、消费者行为模式的变化、行业竞争格局的演变以及新的商业模式的兴起。这一转型进程推动产业结构发生深刻变革，为传统企业提供向行业平台运营商转型的契机。此外，杨卓凡（2020）指出，数字化转型已经成为传统产业难以规避的发展趋向，并在数字经济体系中占据了至关重要的地位。它不仅有利于推动资源要素的有效流动与配置，更有助于催生经济发展的高质量转型，从而成为激活全新经济动能的关键驱动力量。

（2）企业数字化转型的动力机制

从企业数字化转型影响因素的研究中主要提炼出了两大主导理论观点，即外部驱动和内部驱动。

企业数字化转型背后的外部驱动力可归纳为四个关键类别：政治驱动、经济驱动、社会驱动和技术驱动。

从政治视角分析，国际贸易中的单边保护主义趋势加剧，这要求我国企业在严格遵循国际贸易法则解决冲突之余，亟须加快内部改革步伐，尤其是通过数字化转型来增强自身的运营效能和国际市场竞争力。值得注意的是，我国特别强调了在电子信息、计算机技术、通信基础设施及精密机械制造等高附加值产业链中，加强对诸如芯片制造、半导体技术、高端零部件等关键环节的自主研发与生产能力。尽管美国单方面对中国发起贸易战，短期内可能会对相关中国企业造成压力，但从长远看，这样的外部压力实际上起到了催化剂的作用，迫使我国企业持续创新，掌握核心技术，并加速向数字化转型，以提升企业内在的核心竞争力。2022年度的政府工作报告明确提出，促进数字经济发展，建设数字信息基础设施，促进产业数字化转型，加快发展工业互联网。袁淳等（2021）的研究中指出，数字化转型已然成为我国传统产业改造升级、新兴动能培育的关键性策略措施。

从经济视角分析，企业数字化转型的驱动力既包括外部经济状况的影响，也包括行业内部经济环境的变化。外部经济状况，作为企业运营的大环境，其波动性和趋势性特征直接渗透到企业的决策制定中，不仅塑造了企业的组织结构，还深深影响着其日常运营与战略行为的选择，进而显著作用于企业是否积极采用数字技术，并在此基础上实施深层次的业务与管理模式的数字化转型。与此同时，行业经济环境的具体变迁同样扮演着不可忽视的角色。随着市场竞争态势的不断演化，企业面临的竞争压力、市场机遇及潜在威胁也随之改变，这促使企业在价值创造的过程中寻求更为高效和创新的价值链构建与优化路径。价值链体系从形成到演进的过程，实质上就是企业适应经济环境变革，逐步提升核心竞争力和实现可持续发展的过程。此外，陈国青等（2020）认为，商业生态系统作为一个更广泛的概念框架，涵盖了行业内外部多元主体间的相互依存与协同创新关系。商业生态系统的持续变迁意味着新的商业模式、合作模式乃至技术创新模式的涌现，这些都为企业提供了从单一信息技术应用向全链条、全方位数字化转型的战略契机和实践路径。

从社会视角分析，企业数字化转型的一部分动力源于消费者需求的动态变化。钱晶晶等（2021）的研究指出，尤其是在步入人工智能时代的背景下，数字技术以前所未有的速度与广度颠覆了传统的消费模式，消费者的行为习惯经历了深刻的重塑，个体消费者对于产品和服务的期望日趋个性化，他们倾向于表达独特的消费需求，并且越来越依赖在线平台进行日常购物活动，以至于线上消费逐渐固化为社会生活的一部分。面对瞬息万变的消费者需求与行为模式，企业不得不时刻保持敏锐的洞察力与高效的应变能力，不断对自己的产品和服务进行迭代升级，旨在准确捕捉并及时响应市场前沿的消费者诉求。为了有效适应这一转变，大数据分析和人工智能技术的应用成为企业产品创新和发展过程中的关键要素。企业必须主动拥抱这些尖端数字技术，通过深度挖掘和利用海量数据资源，增进与用户的实时互动，精准定位消费者的真实需求，并以此为依据推动产品的持续创新与优化。在这个过程中，企业数字化转型的核心目标在于借助数字技术的力量，不断提升产品与用户需求的贴合度，驱动企业持续向前发展。

从技术视角分析，新一代信息技术特别是数字技术的广泛应用被证实为推动各行各业经济增长的关键驱动力。数字技术的迭代升级不断催化企业战略管理方式和创新思维模式发生变革，进而积极推动企业向着数字化转型的方向发展。随着行业技术体系的持续刷新升级，企业往往主动借力数字化技术的实施和各类平台的建设，探寻和实施具有创新性的解决方案来应对变革。同时，企业对数字技术的实际采纳和整合，正在深刻地改造产业组织的竞争形态，催生产业间跨界融合的趋势，赋予产业升级全新的能量源泉，从根本上颠覆了传统的商业模式和经营逻辑。这种颠覆性变革进一步增强了企业数字化转型的动力与紧迫感，从而促使企业在数字化道路上不断前行和深化。

企业数字化转型背后的内部因素有组织因素，也有管理者因素。

从组织层面讲，组织文化、组织架构、领导能力和管理技巧、人才培育机制都对数字化转型产生了重要的影响。为了确保企业能成功进行数字化转型，企业必须对自己的文化氛围和组织架构进行持续的优化，加强领导能力和管理技巧，注重培养高质量、高层次的人才。Tambe和Hitt（2012）提出，企业融合技术和业务的根本目标在于利用信息技术进步带动经济增长。Matt（2015）提出，数字化转型的行为包括组织结构变化、价值创造变化和数字技术应用，这些共同推动了组织内部的协作发展。同时，企业在实现数字化转型时，必须首先考虑到高管对企业的支持，其次才是组织本身的技术储备。更具弹性的组织架构可以帮助企业更好地适应数字化环境的变化，从而帮助企业进行数字化转型。此外，焦豪（2022）提出了将组织因素引入到企业数字化转型过程中的必要性。

从管理者的视角分析，一系列研究表明，管理者也是企业数字化转型的影响因素。宋敬等（2023）提出，在动态竞争环境下，管理者的综合素质，尤其是其资源整合能力，对企业数字化转型进程所起的作用最为显著。值得注意的是，过度自信的高级管理人员倾向于积极推动企业进行数字化转型，这源于他们在评估数字化转型项目时常常会过高估计其成功率。Fitzgerald等（2014）提出，在这一转型过程中，首席数字官扮演着关键角色，负责运用数字技术来达到组织的目标，促进企业的数字化转型；而首席信息官则专注于信息资源的整合与创新内容的开发，致力于促进数字技术的实际应用与深化。

（3）数字化转型的绩效评价方法及指标体系

绩效考核的概念可追溯至20世纪初，那时评价企业运营成效的方法主要包括财务报表解析、杜邦分析体系及综合性评估技术。随着资本市场日益成熟，企业日益重视对战略性业绩的评判，这促使平衡计分卡及经济增加值等先进工具被广泛引入战略评估领域。特别是Stewart（1990）围绕EVA构建了一套新的公司内部管理体系框架，不仅革新了公司的薪酬激励模型，也重塑了经营管理策略。EVA的应用成功规避了传统财务利润衡量的局限性，它全面融合了企业的经营效能、价值创造与绩效评估，强调只有当投资回报超越资本成本时，企业方能彰显真正的绩效成果。因此，EVA是衡量公司战略绩效的一个关键指标。徐兵（2007），基于对多家企业管理绩效的深入分析，提出了一套实用的多维度评估模型。该模型通过细致分析上市公司财务报告及其他相关信息，结合多种财务指标，为管理绩效评价提供了全面的视角。冯丽霞等（2010）提出，单独依赖经济增加值（EVA）或平衡计分卡（BSC）进行绩效评估虽各有局限，但也展现出了特定的优势。她主张将EVA与BSC相结合应用于企业绩效评价体系中，这一整合方法能更全面、高效地分析企业绩效管理状态，有力地支撑企业制定满足其发展要求的战略决策。在这一方向上，杜纲等（1999）不仅全面审视了公司的经营成果，以洞察企业的发展态势，还结合了公司的其他关键财务数据。基于这些数据，他们构建了一套具有动态性的绩效评价指标体系，旨在更准确地反映企业的实际运营效果和成长潜力。

长期以来，国内外学者致力于从多元视角探索公司绩效评估路径，构建多样化的评估框架与指标体系，旨在实现评估过程的更高精确度与客观性。面对经济新态势与新兴市场的挑战，持续优化公司绩效评价指标体系成为关键，这直接关系到企业能否精准定位，制定出适宜的发展战略以应对复杂环境。在此情境下，企业欲在竞争洪流中逆流前进，核心在于精确自我诊断，并依托科学决策指引方向。Biao（2018）创新性地在公司业绩评估中融入三角模糊数理论，开创了一种新的评估模式，此模式强化了对各股东利益的均衡考虑，显著提升了绩效评估的有效性。任江（2020）则强调，在经济环境的不断变化与新兴市场生态的持续发展下，为有效契合企业战略规划，绩效评价体系的更新与优化变得尤为重要。为确保绩效评价与企业目标的高度一致性，应灵活选用适当的评价标准，以实现评价体系的动态完善，确保评价结果的准确性和合理性。窦微和王莉莉（2020）在构建业绩评价指标体系时，着重指出了内部控制因素的重要性，提醒在设计过程中应予以充分考量。万伦等（2020）则针对制造业绩效评估制定了数字化导向的一级指标群，具体包括规划管理的数字化、数字化推进程度、数据应用效能、服务与产品的融合水平、产业链整体协同、生产与服务的同步协作等方面。

（4）数字化转型的主要内容

① 确定战略方向，有效规划数字化发展。在当前这个错综复杂且瞬息万变的商业环境中，部分企业仍处于探索阶段，不确定其未来市场渗透点及运营模式。究其根本，数字化转型是一场深刻的“变革”，而这一进程若伴随着远期目标的模糊、战略规划的笼统不明以

及转型路径的不确定，就共同构成了企业迈向数字化进程中的一大障碍。这种模糊性导致企业在没有清晰导向下推进数字化，往往收效甚微。因此，企业在踏上数字化转型之旅前，首要任务是明晰自身发展战略。发展战略在此背景下，扮演着领航者角色，指导企业于数字化转型的浪潮中稳健前行，是企业顺应未来行业变迁与市场需求变动的关键布局，体现了企业阶段性发展的顶层战略与管理导向。这一过程高度考验企业管理层的战略眼光、顶层架构设计、领导力及执行力。正确的发展战略应基于企业内外部环境的综合分析——包括内部条件、外部竞争态势及技术演进趋势，从而明确数字化愿景，并将它内化为企业战略的核心要素。企业数字化转型需遵循一套系统方法，即围绕诸如网络基础设施、软硬件集成、数据标准化与质量提升等完整构建，逐步推进核心业务的数字化升级，确保每一发展阶段的目标与总体数字化战略紧密协同，实现阶梯式发展。此外，战略明确后，企业还需适时调整组织结构，强化风险管理，建立健全内部控制体系，以切实保障发展战略与数字化理念的有效落地，驱动企业向既定目标稳步迈进。

② 增强数字化能力，为数字化转型提供坚实基础。企业的数字化转型是一个动态展开、紧跟时代脉搏发展的历程，在这一历程中，增强数字化能力成为确保转型成功的关键驱动力。因此，加强企业数字化能力的建设，并为数字革新活动提供有力支撑，是推进企业数字化转型的关键举措。然而，多数企业面临构建数字化能力的挑战，数字化转型相较于传统信息化更为艰巨，要求企业能够迅速响应市场变化，高效运营并持续引领创新。为了有效提升数字化能力，企业可采取以下策略：首要任务是构建一套完善的数字化能力体系与转型架构蓝图，要确保构建的体系能够全方位满足转型期间的各项技能要求，推动能力体系与转型架构之间实现深度协同，为企业的数字化革新实

践构建一个稳固的基础平台。此外，企业必须掌握预见未来的创新策略规划技能，紧密追踪信息技术的最新发展趋势并顺应国家及行业的宏观战略指向，旨在从被动适应技术变化转变为积极预测并主动融入全社会的转型浪潮之中。最后，在执行数字化转型的具体行动上，企业应依托现有的技术资本，深化挖掘新技术的运用潜力，借力科技的驱动力量来加速商业模式的革新进程，进而开创出别具一格的竞争优势。

③ 强化数字领域专家型人才的培育与发展，组建多技能融合的团队。这里所述的数字技能人才，指的是具备数据洞察力，精于高效导航与操作广泛数据资源，转化为实质性的知识资本与信息财富，从而驱动数据资产价值跃升的群体。这些人才的配置及其对数字化工具的驾驭能力，与企业经营活动中数据资产增值的速度紧密相关联，数字化策略与组织架构实施的效能与管理水平息息相关，人才成为企业迈进数字化时代的重要支柱。一些企业面对数字化转型过程中所遭遇的“转型困境”，很大程度上归咎于数字化人才的匮乏，这凸显了构建现代化数字化人才队伍对于转型成功的关键作用。首先，企业应明确一位数字化转型的领军人物，此人需兼具深厚的数字化商业洞察与运营智慧，对企业数字化转型持有坚定信念，并精通数字化业务体系。其职责在于精准识别企业增长与数字化转型的契合点，强化企业内外沟通及与客户互动，实现组织运作模式与数字化技术的互动优化，推动企业顺利跨越至数字化转型的全新阶段。此外，企业应着手制订多元化的教育培训计划，采纳灵活多变的学习方式以激发员工的学习积极性与参与度，借助绩效激励机制，提升学习成果的转化率，确保培训效果的量化评估与即时反馈。最后，与高等教育机构合作，成为引进与培育数字化人才的重要途径。这批人才是企业数字化转型的基石，企业应依托他们构建数字化平台，为转型之路提供坚实支

撑，确保数字化转型战略的顺利实施与效能最大化。

④ 构建数据管理框架，保障数字化转型成果。数据治理是实现数据标准化与资产化不可或缺的一环，其核心在于提升数据链条的整体效能与数据质量，从而挖掘数据的最大价值。首要任务是通过数据治理确保数据的规范化，界定数据责任主体，加固数据安全并维持高水平数据质量。规范化的数据结构与架构进一步为新系统开发及执行提供了强有力的支撑，加速了系统效能的优化进程。构建企业级数字化治理体系是一项系统工程，需循序渐进：首要步骤是对企业数据资产进行全面的审计，随后编制一份详实的数据资源清单。接下来，构建一个统一的数据标准框架，该框架应涵盖元数据管理、主数据治理、参考数据整合、业务数据分类以及关键绩效指标定义，旨在为企业的数字化转型之路奠定坚实的基础。接下来，在统一标准的指引下，深入推行数据治理实践，旨在构建数据驱动业务的运行机制，此乃驱动业务创新与应用的枢机所在。最后阶段，需构建完善的数据管理框架，细化公司内部组织架构、角色分配及职责边界，结合企业实情，制定制度、规范及流程体系，为数字化管理体系的稳固建立铺平道路。

⑤ 依靠生态协同效应，强化数字化转型的推进力度。在当前数字经济蓬勃发展的广阔领域里，建立并参与生态系统是企业演进的核心方向，尤其是生态体系内部的协同创新机制，对于促进传统企业加速迈进数字化转型进程具有至关重要的意义。企业应当拓宽合作伙伴网络，在协同机制的赋能下增强运营的敏捷性，克服人才与组织结构上的限制，达成对内部及外部资源的优化配置与集约整合。一方面，生态协同促使企业优势互补，拓宽数据洞察视野并吸引多样化人才，形成强大生态联盟，为企业的长期繁荣奠定基石。另一方面，数字技术在广泛生态合作中加速应用，伙伴间的相互激

励则加速创新理念的落地，促使企业不断突破。随着生态思维的普及，企业组织从封闭结构转变为开放系统，平台逐渐成为产业升级的核心，引领一种超越传统大型企业集群的新兴产业生态格局。在此趋势下，企业致力于构建一个开放性更强、覆盖面更广、协作更深的生态系统，汇聚新生创新动能，并通过生态合作，在技术与产品优化中，深化行业解决方案的场景应用，为自身的转型升级和创新活动提供强大动力。

2.2 研究假设

价值链位势是指企业在价值链中所处的位置，包括企业在研发、设计、生产、营销等环节的参与度、控制力以及影响力。企业创新则涵盖了产品创新、过程创新、组织创新等多个方面。价值链位势可以影响企业创新资源的获取，而企业创新也可以提升价值链位势，二者存在相互促进的关系。此外，价值链中的市场需求、竞争压力是企业创新的重要驱动力和重要推动力，市场需求的变化也为企业创新提供了方向和目标，竞争压力促使企业不断寻求新的技术和产品。但价值链位势对企业创新的作用机制不仅包含市场需求拉动机制、竞争压力机制等，还存在其他作用机制。

已有研究表明，网络中连接更好的“节点”在行为上表现出更大的互补性，而连接良好的“节点”可以对表现产生显著影响。对这种技术溢出的网络渠道已在研究合作或特定行业的背景下进行了广泛分析。本书通过考虑价值链技术溢出背景下的网络外部效应来补充上述研究。与外围国家和行业相比，这些连接“中心枢纽”可以获得更多种类的外国产品和知识（上游和下游）。知识，是人类对世界的理解和认识，是我们对事物的把握和掌握。它既可以是具体的，如科学公式、历史事件、技术操作等，也可以是抽象的，如思维方式、价值观、世界观等。而知识的流动，就是知识在不同个体、群体、文化、地域之间的传递和交流。在这个过程中，知识不断被创新、更新、扩展和深化。知识可以通过交易产品进行流动，体现在用于生产这些产品的技能和技术上。同时，不具体化的知识流动也很重要。“中心枢纽”获取的知识可能更广泛，具有更大的溢出潜力。本书通过检验价值链网络中更多中心国家和行业可能积累更多知识的这一猜想，为价值链位势对企业创新影响研究做些边际贡献。

本书研究主题主要涉及四个方面：外部知识来源的重要性，网络效应对企业绩效的作用，跨国公司和全球知识来源，反向和正向联系的技术溢出。

2.2.1 外部（本地和国外）知识来源的重要性

许多学者强调了本地化知识溢出对创新的重要性。新思想很容易从一家企业传播到另一家企业，这是通过当地产业社区内的互动过程产生的。Giuliani和Bell（2005）研究强调了外部联系对长期增长的重要性。这些联系会影响集群获取外部知识并将其吸收到生产活动中的能力。因此，企业不仅从自己的活动中积累知识，还从合作伙伴的活动中增加知识。在新兴市场中，企业以知识的吸收和整合为重点，会促进价值链升级，更有可能获得较高的边际效益。相比之下，仅仅依靠本地化知识的集群可能会将企业困在过时技术中。外部知识的获取能够帮助我们跳出地域的限制，吸收国际化的思维和方法，促进我们的创新活动和全球竞争力的提升。

此外，关于跨国公司的文献表明，由于全球化加速了生产系统的变化，利用、整合思想和技术才能驱动跨国公司的知识优势，这不仅跨越了当地的产业集群，也跨越了国界。跨国公司是国内供应商、客户和（或）竞争对手（外国）知识的重要来源，主要因为跨国公司深度参与国际贸易，通过扩散嵌入贸易商品中的技术实现国际知识溢出。Keller和Yeaple（2003）等研究也证实了双边贸易产生积极的国际研发溢出效应。中间商提供了获得外国技能、生产要素和用于生产它们的技术的途径。因此，更广泛地获取优质进口中间商品可能会转化为更广泛地获取外国技术。通过获得新的、质量更好的进口中间商品会对企业生产力产生积极影响，并促进新产品的创新或现有产品的升级。相关研究发现相比于双边贸易，价值链更能体现出两国之间的价值转移。

价值链网络的另一个关键特征是，企业可以间接受益于（外国）知识溢出。因此，价值链网络体现了间接贸易联系的重要性。下游用户与其供应商之间的交流增强了（无形的）知识流。

众所周知，贸易越来越多地围绕价值链进行组织，以提高企业创新和生产力表现。通过进入外国市场，向先进的外国市场出口可以增加创新。进口竞争的加剧不仅可以增加向外国竞争对手的学习机会，还可以激励国内企业进行创新，以保持领先地位。参与价值链使企业能够将其生产活动的一部分外包给海外供应商，并专注于企业更擅长的活动，包括研发和创新。

根据上述分析，提出如下研究假设：

H1：价值链网络中的地位对知识传播和创新具有正向效应。

2.2.2 中心性和企业绩效

大多数关注行业内知识溢出的研究只关注直接的双边商业联系。然而，研究网络效应对企业绩效作用的新文献表明，知识、信息或冲击不仅可以通过直接联系传播，还可以通过网络内的间接联系传播。在网络理论的视角下，一个企业可以被看作由各种内部和外部关系构成的复杂网络，而中心性，则是衡量企业在网络中地位与影响力的重要标准。经济学家依靠不同的网络措施来捕捉每个节点的特征，并表明企业和行业之间的相互联系对冲击的扩散很重要。这些微观基础的宏观模型通常发现，具有大量直接和间接联系的中心企业、行业和国家在决定总体绩效方面发挥着不成比例的作用。数字化转型已成为企业提升中心性的一个重要方向。通过建立线上平台，企业可以触及更广泛的客户群体，收集大量的用户数据，从而更好地理解市场需求，优化产品和服务。

在价值链网络中，使用“中心性”来衡量网络中给定节点（企业、行业或国家等）的重要性变得越来越普遍。在不同的中心性度量中，特征向量中心性得以更广泛地应用。本书所用的特征向量中心性是基于网络中一个节点与其他有影响力的节点的连接来衡量其影响力的指标。例如，Turkina和Van Assche（2018）衡量跨境产业集群之间买方-供应商联系的特征向量中心性，发现与外国集群的垂直连通性（即在网络中更高的中心性）刺激了集群的创新绩效。尽管连通性的影响因集群类型而异，但他们的研究表明，集群的创新绩效与从加强横向和纵向网络的中心性中的获益不成比例。

研究表明，网络结构和每位参与者（企业、行业或国家）的相对地位对整个网络的绩效以及每位参与者的绩效都有至关重要的影响。这些网络效应已在关于通过社交网络传播知识的文献中得到证实。融入创新网络越深，进行创新活动越多，企业创新绩效越好。每个代理行为都受到直接连接同伴积极影响，更多的中心参与者更有可能受到网络同伴影响。

根据上述分析，提出研究假设：

H2：价值链“中心”参与者能够通过其在价值链网络中的直接和间接联系更好地获取关键知识。

2.2.3 跨国公司和全球知识来源

大多数关于贸易和创新的研究都集中在中间商的进出口上。然而，企业参与价值链也通过将其部分活动转移到其海外子公司来实现。这一机制表明，跨国公司是价值链组织中的重要参与者：跨国公司通常会组织其垂直联系组合，将其自身的知识和生产能力与国内或国外价值链合作伙伴执行的其他任务相结合。随着信息技术的快速发展，跨国公司对知识的管理和传播方式也在发生变化。云计算、大数据分析和人工智能的应用，使得公司能够更有效地处理和分析来自世界各地的信息，进而作出更为精准的战略决策。同时，这也要求公司不断更新其技术基础设施，以适应不断变化的市场需求。跨国公司与全球知识资源的结合不仅改变了它们自身的运营模式，也对世界经济产生了深远的影响。一方面，它们通过跨国经营推动了技术的全球传播，促进了各国经济的相互依赖和合作；另一方面，这种知识整合的能力也为发展中国家提供了追赶甚至超越发达国家的途径，有助于缩小全球经济的差距。跨国公司与全球知识资源的关系日益密切，这既是公司自身发展的需求，也是全球化趋势下的必然结果。

跨国公司通过建立外国子公司，可能能够利用国内无法获得或更昂贵的新的和多样化的知识来源。跨国公司不仅可以通过其供应商和客户，还可以通过其外国子公司，获取国外知识和信息。从这个意义上而言，跨国公司在设立子公司时选择作为知识来源的地点并将它作为竞争优势是非常重要的。企业依托跨界知识整合可以提升企业绩效，从而提升企业核心竞争优势。然而，正如Bathelt和Li（2012）

所强调的那样，要建立跨境知识管道，帮助企业整合来自不同地区的互补知识元素，并将其提供给跨国公司的网络，实属不易。

根据上述分析，提出研究假设：

H3：跨国公司与当地供应商和客户建立联系，融入当地商业社区，有利于获取企业特有和相关的知识。

2.2.4 反向和正向联系

垂直联系，如买方与供应商的关系，可以成为技术溢出的重要渠道。技术溢出是指一个经济实体（如企业、产业或国家）产生的技术创新被其他经济实体吸收和应用的过程。这种现象往往出现在高科技行业中，因为这些行业的研发活动相对频繁，创新速度快，技术更新周期短。买方（即下游企业）获得更先进技术或更低成本，从其中间商输入供应商（上游企业）的绩效提高中受益。下游企业有动机从上游行业的供应商转移知识。技术溢出需要区域具备足够的吸收能力，随着区域内部的知识、人力等创新资本的逐渐积累，对价值链技术溢出的吸收能力也有所增强，此时会开始逐渐培育自主创新能力，以此推动价值链升级。

联系的方向可能对技术溢出的程度影响重大。虽然溢出效应在两个方向上都可能出现，但实证表明，通过与外国知识的正向联系，上游（供应商）行业向其下游（买方）行业产生了溢出效应。例如，Javorcik（2004）等的研究发现，下游外资跨国公司从上游行业企业产生了正向的生产力溢出。同时，外资跨国公司通过下游行业提高了当地供应商的生产力。Hidalgo（2019）利用企业对企业的买方-供应商关系发现了类似的结果。Giuliani和Bell（2005）认为，掌控技术的企业是外国知识在当地集群中传播的关键，这些企业具有高度的前瞻中心性。谷方杰等（2020）认为，掌握技术的区域带动其他区域，可以促进知识和技术溢出以及区域间协调发展，并且不断完善上下游价值链的转移。

根据上述分析，提出研究假设：

H4：价值链中上游（供应商）行业对下游（买方）行业产生积极的知识溢出效应。

2.3 本章小结

本章对价值链理论进行了深入探讨，阐述了价值链在经济全球化背景下的演变、影响与挑战，以及企业参与价值链的机遇与策略。价值链作为全球生产网络的重要组成部分，不仅展现了经济活动的国际分工与合作，还凸显了全球贸易和投资的复杂性。价值链的深化促使各国经济更加紧密相连，形成了相互依存的全球经济格局，这对国际合作与协调提出了更高要求。价值链的发展对世界经济产生深远影响，尤其体现在促进全球贸易增长、提高生产效率和产品质量，以及推动技术传播与创新方面。然而，它也带来了经济风险传染性增强、部分国家和地区陷入低附加值生产活动，以及环境与劳工问题等挑战。面对这些挑战，加强国际合作，推动公平与可持续的贸易政策，以及促进产业升级和技术创新，是必要的应对之策。价值链研究聚焦全球生产网络中的价值流动与分配，以及企业如何在其中定位和竞争。它强调了生产活动的地理分布、国际分工的角色，以及价值链治理结构对价值分配和企业间权力关系的影响。企业或国家通过升级到价值链中的高附加值环节，可以提高其竞争力和经济收益，但同时也面临着市场波动、政策变化等风险。价值链网络中企业的地位对知识传播和创新具有正向效应，中心性高的企业能够更好地获取关键知识，而跨国公司通过其海外子公司获取新的知识来源，有助于企业核心竞争优势的提升。此外，垂直联系如买方与供应商关系，是技术溢出的重要渠道，能促进企业创新能力的提升。企业数字化转型是应对价值链挑战和机遇的重要策略。构建完善的数字化能力体系，加强对数字领域专家型人才的培养，以及强化数据管理框架，都是推进企业数字化转型的关键。数字化转型需要明确战略方向，增强数字化能力，强化数字人才培育，以及构建数据管理框架，以保障转型成果。此外，依靠生态协同效应，通过与合作伙伴网络的协同创新，可以增强企业的运营敏捷性，克服人才与组织结构上的限制，优化内外部资源配置。在价值链升级方面，发展中国家和企业面临提升创新能力、技术能力和市场能力的挑战，以获取更高的附加值。通过技术改进、产品创新、活动转移和价值链转换，企业可以实现升级。地方产业网络的支持性政策环境、知识共享和技术扩散机制，对于帮助企业获取新知识和技术，推动企业升级至关重要。各国和企业应积极参与价值链，加强合作与协调，共同应对挑战，推动全球经济的可持续发展，通过数字化转型和价值链升级，企业可以实现产业升级、技术进步，国家可以实现经济增长，实现共同发展与繁荣。

同时，本章也提出价值链网络中企业外部知识来源对企业创新的影响，网络效应对企业绩效的作用，跨国公司与全球知识来源的关系，以及技术溢出的反向和正向联系的研究假设。深入研究全球价值链中企业创新的动力机制，以及企业如何在全球化背景下提升其竞争力，以期为企业在全球价值链中寻找定位、提升创新能力和竞争力提供理论依据和实践指导。

3

价值链位势影响企业数字化转型创新的实证研究

3.1 研究设计与模型构建

本书采用经合组织国家间投入产出表（以下简称ICIO表）进行分析，研究价值链网络传播的知识转移是否会影响企业的数字化转型创新表现，以及这种影响的大小是否取决于它们在网络中的地位。

模型构建采用ICIO表作为主要工具，详细记录了不同国家和地区间商品和服务的交流情况，反映了全球经济活动中的价值链分布。通过对这些数据进行深入分析，我们可以揭示出哪些企业和地区是知识流动的关键节点，从而确定它们在网络中的地位，然后进一步考察知识转移对不同企业的数字化转型创新表现的具体影响。引入一些定量指标，如专利申请数来衡量企业的创新表现，通过对比位于网络中心和边缘企业的这些指标数据，可以直观地看出知识转移对创新表现的影响程度。ICIO表越来越多地用于价值链研究，本研究通过使用ICIO表测量的网络中心性来捕捉其与外国产业的直接和间接联系，关注国际知识溢出。利用ICIO表和网络中心性分析，我们不仅能够揭示各国产业间的直接和间接联系，还能洞察国际知识溢出的动态过程。这种方法为我们提供了一个全新的视角，以更系统和全面的方式理解全球经济的运行机制，并指导政策制定和企业战略布局，以期最大化地利用国际资源，促进经济的可持续发展。

3.1.1 样本选择与数据来源

在全球化经济体系中，跨国公司的运营模式和策略选择对世界各国的经济增长和技术发展产生了深远影响。为了更深入地了解这些跨国公司如何从其附属机构所在的国家或行业获得技术溢出效应，价值链中心性指标应运而生。本书采用价值链中心性指标来捕捉跨国公司附属机构所在地的特征，进而解析技术流动和知识扩散的模式。本书的研究不仅考虑了跨国公司总部所在国的国家产业中心性变化，还考虑了跨国公司附属机构所在国的国家产业中心性变化对企业数字化转型创新的影响，即考虑到跨国公司在全球网络中的异质性。本书在分析中明确考虑了中心性的方向，区分了价值链网络的正向中心性和反向中心性。本书选择1995—2021年的企业数据进行实证研究。

（1）专利

本书采用专利信息作为被解释变量来衡量企业层面的数字化创新，并将其与价值链中心性的行业层面衡量相结合。专利信息，作为技术创新的一种具体体现，是衡量企业研发能力和未来竞争力的重要指标。通过专利申请的数量、质量以及技术范畴，我们可以窥见一个企业对新技术的投入程度和创新速度。例如，拥有大量高质量的数字技术专利的企业，往往在数字化转型的道路上走在前列，能够快速响应市场变化并开拓新的业务领域。单靠专利信息来评估数字化创新仍有局限性。因为专利仅能反映企业个体的技术积累与应用，并不能全面展现该企业在价值链中的地位和作用，所以本书引入加权引用的专利数量来衡量专利的质量。价值链中心性的概念，描述的是某一行业或企业在全球经济活动中的重要性，包括其在价值链中所占据的位置、对上下游的影响力以及对行业标准的贡献度等。将企业的数字化创新与其在价值链中的中心性结合起来考虑，可以更深入地洞察其在整个产业生态中的作用。

专利检索及分析系统是由国家知识产权局面向公众提供的免费专利检索数据库，内容涵盖了1985年9月10日以来我国公布的全部中国专利信息，并提供各种说明书全文及外观设计图形。考虑专利质量的异质性，本书根据引用次数对这一计数进行加权。为了保持衡量不同专利引用标准的一致性，本书通过同一技术领域内给定年份的最大引用次数来标准化引用次数，这一加权指标是衡量企业数字化转型创新的首选指标。

（2）企业异质性

企业异质性综合体现为企业生产率的差异。企业根据自身发展的需要在全球范围寻找资源，企业生产率不同，决定了企业是否有能力出口或在国外拓展业务，这意味着企业在价值链位势中是否有机会进行知识吸收和外溢。

本书采用世界银行2012年中国企业调查数据。世界银行2012年的中国企业调查数据在对象选取和调查内容丰富度上都做得相对完整，体现出了一定的连续性。但在时间连续性上存在一定的断裂，而且由于企业状况的复杂性，内容的连续性也难以做到完全无遗漏和重复。鉴于此，本书采取手动搜集的方法，对于那些数据缺失的企业进行了补充和完善，以提升数据集的质量和研究的可靠性。2012年中国企业调查数据通过分层随机抽样方法进行调查获得企业样本，样本企业涵盖广州、成都、武汉、沈阳等25个城市，涉及制造业等25个行业，调查内容包括企业基本信息、基础设施与服务、销售与供货、竞争程度、创新技能、劳动力、政企关系等13个类别的信息。自2012年发布以来，中国企业调查数据被广泛应用于企业的实证研究中。

本书将专利数据库中专利统计数据与世界银行数据库中使用相同企业名称构建的面板数据进行关联。

（3）价值链嵌入性

通常，价值链的数据来源于多个统计机构和国际组织提供的信息。例如，联合国贸易与发展会议（UNCTAD）和世界贸易组织

（WTO）等会提供国际贸易数据，而国际货币基金组织（IMF）则会发布有关国际金融流动的数据。此外，各个国家的国家统计局、中央银行和其他官方机构也会提供本国的进出口数据、生产统计数据以及其他相关经济信息。本书采取构建ICIO表来衡量价值链嵌入程度。

3.1.2 变量说明

价值链中心地位和参与度指标是根据ICIO表构建的，这些表格涵盖了各国的跨境商品和服务贸易。投入产出分析的基本单元是“部门”，每一个部门都生产一种或一组相似的产品。表中的行代表各个部门的产出分配到其他部门以及最终消费的情况，列则反映了每个部门为了生产所需的各种投入来源。通过这样的结构，ICIO表清晰地揭示了产业链中的上游与下游关系，为政策分析提供有力支撑。例如，如果我们要研究汽车制造业对钢铁业的影响，只需观察汽车行业对钢铁产品的需求量；反之，若想分析钢铁行业对建筑业的支持作用，可以检查钢铁业对建筑行业的供给量。这种分析方法有助于政府和企业识别关键的产业联动点，进而制定相应的产业政策和经济策略。ICIO表代表了一个区域的知识存量，而企业专利的申请量和质量很大程度上代表了企业的知识存量。知识存量并非一成不变，随着技术进步和社会变迁，某些类型的知识可能会过时，需要不断更新以适应新的环境。这就要求个体和社会持续地进行学习和创新，确保知识存量与时俱进。

ICIO表与知识存量之间存在着紧密的联系。一方面，ICIO表体现的产业间关联性，实际上也映射了知识的流动和应用。比如，高科技产业的发展往往依赖于强大的知识储备和快速的技术创新。另一方面，知识的积累和应用又能够推动产业结构的优化升级，影响ICIO表的变化趋势。ICIO表侧重于贸易流的来源国和目的地国，没有考虑进出口企业的权属问题。就各国的出口/进口流量而言，中国正在转变为亚洲价值链的中心，但中国很大一部分出口/进口是由位于中国的外资企业产生的。尽管中国的贸易增长有些缓慢，但拥有外国子公司的中国企业大幅增加了对其子公司所在国的进出口。在ICIO表2015版基础上构建的价值链嵌入度的行业级衡量标准涵盖了1995—2021年62个国家的34个行业。ICIO表所反映的行业间的经济活动，为企业提供了一个宏观的数字化转型创新环境，企业在这样的环境中运作，其研发活动和数字化创新成果往往受到上下游产业链的影响。ICIO表可以帮助企业决策者了解数字化转型创新瓶颈，同时企业的数字化转型创新活动也会反过来影响经济的结构和发展趋势。故本书将行业专利匹配数据集与行业级价值链指标进行关联。

（1）解释变量：价值链中心地位

价值链中心地位是当今经济全球化背景下的一个重要概念，它涉及一个国家或地区在全球生产网络中所处的位置及其影响力。通过构建网络中心性的衡量标准，来反映每个国家和行业在价值链中的相对地位。本书借鉴Criscuolo和Timmis的研究方法，并使用Bonacich-Catz特征向量中心性度量，以确定网络中的关键参与者。这项措施考虑到了直接和间接的联系。网络中心性的定义和计算如下所述。

价值链网络内的联系反映了货物和服务的ICIO流动，这是一个复杂而动态的过程，涉及多个领域和层面，包括商品和服务贸易、资本流动和信息流动。这些流动不仅反映了全球经济的结构和动态，也为我们提供了理解和分析全球经济的新视角。中心性不仅取决于直接贸易联系，也取决于贸易伙伴的贸易联系——间接贸易联系。中心行业被定义为与高度互联的行业相连的行业。为了确保间接的高阶连接很重要（但权重低于直接连接），本书采用递归计算。

公式（1）和（3）计算某个特定国家每个行业的特征向量型中心性。反向中心性计算为基线中心性（η）加上其上游贸易伙伴（即供应商）的中心性加权总和，如下所示：

$$C_i^{back} = \lambda \sum_j w_{ji} C_{ij}^{back} + \eta \tag{1}$$

公式（1）中，i或j表示国家-产业对，λ和η是参数，w_{ji}是输入j在i中使用的总中间商（即上游投入链接）中的份额。参数λ决定了高阶网络链接的衰减率，因此供应商连接为λ的权重，供应商的供应商权重为λ_2，依此类推。这是一种基于链接到高度连接节点以及链接重要性的中心性的衡量指标。中心性是一种递归计算，不仅取决于直接联系，还取决于间接联系。因此，本书使用递归关系分解方程（1）中的反向中心性衡量指标。产业i的中心性不仅取决于其与外国供应商的直接联系程度，还取决于与这些供应商的间接联系程度：

$$C_i^{back} = \lambda \sum_j w_{ji} (\lambda \sum_k w_{ki} C_k^{back} + \eta) + \eta = \lambda \eta \sum_j w_{ji} + \lambda^2 \sum_j w_{ji} \sum_k w_{kj} C_k^{back} + \eta \tag{2}$$

公式（2）中，$\eta \sum_j w_{ji}$反映了与供应商的直接联系而产生的中心性。$\lambda^2 \sum_j w_{ji} \sum_k w_{kj} C_k^{back}$是中心性成分的高阶来源，反映了与供应商等的间接联系。同样，正向中心性计算为基线中心性（η）加上下游贸易伙伴（即客户）中心性的加权总和，如下所示：

$$C_i^{fwd} = \lambda \sum_j w_{ji} C_f^{fwd} + \eta \tag{3}$$

其中w_{ji}是从i到j的销售额在i提供的总中间商中的份额，与远期网络中的中心枢纽进行贸易的关键供应商具有更大的远期中心性。求解公式（1）和公式（3）中的C_i^{back}和C_i^{fwd}，分别获得向量和矩阵表示法中的反向和正向Bonacich-Catz特征向量中心性：

$$C^{back} = \eta(I - \lambda w')^{-1} - 1 \tag{4}$$

$$C^{fwd} = \eta(I - \lambda w)^{-1} - 1 \tag{5}$$

公式（4）中的 C^{back} 和公式（5）中的 C^{fwd} 分别是反向和正向中心性向量，I 是单位矩阵，w' 和 w 是包含元素 w_{ji} 的标准化，便于输入输出系数矩阵。

通过将公式（4）和公式（5）的逆矩阵划分为国内和国外分量，将反向和正向中心性分解为国内和国外部分，用以确定国内反向（正向）联系的中心性和国外反向（正向）联系的中心性。

（2）控制变量：价值链参与

作为控制变量，价值链参与反映了一个国家或地区在全球经济中的地位，它与就业和技术增长有密切的关系，因此，将价值链参与作为控制变量有助于准确地反映核心解释变量对企业创新的影响。本书使用ICIO表构建了价值链参与程度的衡量标准。价值链参与程度反映了国家、行业或企业参与垂直分散生产的程度。其中一个衡量标准是垂直专业化率（VS），即进口输入在一个国家整体出口中的价值。Hummels et al.（1999）首先提出了具有开创性的垂直分工专业化指数的测度方法，即备受推崇的VS和VS1（前向垂直专业化率）。这两个指数分别巧妙地通过计算本国出口中所含的国外附加值以及外国出口中包含的本国附加值，来精准衡量垂直专业化分工的程度，为国际分工格局的研究提供了有力的工具与视角 。本书采用垂直专业化率（VS）衡量价值链参与程度。

同时，一国也可以通过成为第三国用于其出口输入的供应商而参与价值链。引入VS1，即其他国家在其出口产品生产中用作进口输入的出口商品和服务的份额。进口是指从国外购买商品、服务和技术的实际行为，出口则是将本国的商品、服务和技术出售给其他国家的行为。出口和进口都会产生知识和技术外溢效应。

本书构建了反向和正向的价值链参与度衡量指标。更具体地说，本书的行业级反向价值链参与度衡量指标是国内行业出口中所体现的进口中间产品和服务与一个国家整体出口的比率。本书的行业级正向价值链参与度衡量指标是用于第三国出口的国内生产投入与一个国家整体出口的比率。

3.1.3 模型构建

为了分析价值链中心性与数字化转型创新之间的关系，本书估计了在价值链中变得更加中心化行业中企业的专利申请是否显著增加。同时，更为核心行业的企业可能会作为关键客户或供应商，获得更多种类的外国投入，包括技能和技术。对反向和正向价值链参与度控制的增加可能对企业的数字化转型创新活动产生混淆作用。

在借鉴Keiko Ito等基础上，通过估算以下公式（6），以检验企业专利申请与价值链中心性和参与度衡量指标之间的关系。

$$Y_{fit} = \beta_1 C_{it-3} + \beta_2 VS_{it-3} + \beta_3 DAFF_{fit-3} + \beta_4 FirmControls_{fit-3} + \delta_f + \tau_t + \epsilon_{fit} \quad (6)$$

因变量Y_{fit}表示第t年f企业在第i行业的专利申请取对数，这是企业数字化转型创新成果的代表。但企业申请专利数量并不代表专利质量，衡量专利质量的核心指标是专利引用量。企业数字化转型创新涉及国际竞争比较时，常常会考虑如何量化和衡量一个企业的数字化转型创新成果。其中，PCT（Patent Cooperation Treaty，专利合作条约）申请量是一个常用的指标，它代表了企业在国际市场上的技术数字化转型创新活动。然而，在评价企业数字化转型创新时，PCT申请量可能存在地域性的偏差，从而影响到企业数字化转型创新的测量结果。考虑到测量结果的准确性和严谨性，本书使用引用加权的专利申请数量作为首选衡量指标。由于相当多的企业每年都没有申请任何专利，本书的数据集中包含了大量专利申请的观察结果，$1+x$的对数是因变量x的函数形式。其中，虚拟变量$DAFF_{fit-3}$为至少在国外有一家分支机构的企业而设，$FirmControls_{fit-3}$是指公司层面的控制变量。

3.2 回归结果分析

3.2.1 基准分析

考虑到价值链中心性促进企业创新的作用存在滞后效应，本书对价值链中心性做了滞后处理，发现滞后3年促进作用最为明显，并且滞后4年促进作用依旧存在，因此本书采用滞后3年的价值链中心性作为解释变量进行回归。同时为了避免内生性问题，本书采用了IV（Instrumental Variable）估计，同时也控制了企业个体、年份及国家固定效应。

表3-1显示了基准公式（6）的估计结果。在表3-1中，第（1）列和第（2）列显示了固定效应图表的估计结果，而第（3）列和第（4）列则显示了IV固定效应图表的估计结果。第（1）列和第（3）列显示了采用反向中心性和参与度衡量标准时的结果。同样，正向中心性和参与度衡量标准用于第（2）列和第（4）列中报告的估计。标准误差按两位数字行业级别进行聚类。

表3-1　　**基准估计结果**

滞后3年	（1）	（2）	（3）	（4）
	固定效应		IV	
	反向（进口）	正向（出口）	反向（进口）	正向（出口）
L3. 中心性（外国）$_i$	0.029	0.201***	−0.247	0.295***
	−0.069	−0.043	−0.216	−0.086

续表

滞后3年	(1)	(2)	(3)	(4)
	固定效应		IV	
	反向（进口）	正向（出口）	反向（进口）	正向（出口）
L3. 价值链参与度$_i$	-14.385***	6.382*	-10.483***	6.775***
	-4.382	-2.783	-3.274	-3.293
L3. $TRADE_f$	0.024**	0.005	0.020***	0.006
	-0.007	-0.008	-0.004	-0.007
L3. ln(雇员)$_f$	0.080***	0.087***	0.083***	0.074***
	-0.021	-0.032	-0.028	-0.026
L3. lnRDS_f	0.005***	0.005***	0.005***	0.004***
	-0.002	-0.002	-0.002	-0.002
L3. $DAFF_f$	-0.030	-0.039	-0.028	-0.030*
	-0.015	-0.021	-0.018	-0.022
可决系数	0.083	0.094	0.079	0.090
Kleibergen-Paap rk LM统计			3.127*	6.493**
Kleibergen-Paap rk Wald F统计			10.375	49.752

注：标准误差集中在括号中的2位数字行业级别，包括企业固定效应和年度固定效应。*代表p<0.10，**代表p<0.05，***代表p<0.01。

企业创新与价值链中心性也可能存在反向因果关系，例如企业通过创新增加了企业竞争力，提高了价值链参与度，从而使企业价值链位势更加中心化。为了避免结果出现偏差，本书选取工具变量进行OLS（最小二乘法估算），OLS和IV估计结果大体一致。本书的工具有力地预测了中国产业正向中心性的变化，第一阶段F统计值为52，对于反向（进口）中心性，这一工具仍然相当强大，第一阶段F统计值为9.4。假设1价值链网络中的地位对知识传播和数字化转型创新具有正向效应得以验证。这一工具具有预期的负面预示，即中心枢纽的中国工业的中心地位下降。该工具具有相当大的系数——初始中心度高出1个单位的中国产业，由于中国加入WTO，经历了0.36个单位（反向）和0.25个单位（正向）的较大下降。本书的研究结果对使用IV估计是稳健的，这表明价值链中心地位和数字化转型创新之间的积极联系不是由潜在的、混淆的或遗漏的因素所驱动，如市场规模。通过国际贸易更多地进入外国市场将会带来更多的数字化转型创新，假设2价值链“中心”参与者能够通过其在价值链网络中的直接和间接联系更好地获取关键知识得以验证。

研究还发现，中心性的提高与本书预期的企业数字化转型创新的增加有关。并且，中心性的方向很重要，即区分价值链中的中心供应商和中心买方很重要。第（2）栏和第（4）栏中报告的正向中心性的正显著系数表明，通过正向联系，行业中的企业在网络中变得更为中心，表现出更高的数字化转型创新倾向。假设3得以证实，即跨国公司更有利于与当地供应商和客户建立联系，融入当地商业社区，有利于获取企业特有和相关的知识。对于反向中心性，本书没有发现这种联系的证据，见第（1）栏和第（3）栏。这与关于外国直接投资溢出的文献一致，该文献发现跨国公司的供应商往往从知识溢出中受益，但很少有证据表明外国直接投资在相反的方向上溢出。

正向价值链参与的正向显著系数，见第（2）栏和第（4）栏，也表明正向联系与专利申请（即数字化转型创新）呈正相关。假设4价值链中上游（供应商）行业对下游（买方）行业产生积极的知识溢出效应得以证实。然而，反向价值链参与度与专利申请呈负相关，见第（1）栏和第（3）栏，表明反向联系中的垂直专业化并不能促进数字化转型创新，反而可能会带来不利影响。

至于其他解释变量，就雇员规模而言，规模较大的企业往往表现出更高的数字化转型创新倾向，而研发存量较大的企业则往往更具数字化转型创新性。从非进口商到进口商的地位变化与更多的专利申请呈正相关，但出口商虚拟变量的系数在统计上并不显著。虽然正向中心性和价值链参与的正系数表明行业层面的出口导向与专利申请之间存在正相关，但以其他变量为条件的企业层面的出口状况与专利申请没有正相关。

3.2.2 扩展分析

本书还将研究行业层面的价值链嵌入和企业层面的贸易之间的互动效应。为了将第二个中心性指标 *FC* 包含在内，本书扩展了公式（6）的模型。*FC* 指标反映了企业外国子公司的平均中心性，如下所示：

$$Y_{fit} = \beta_1 C_{it-3} + \beta_2 FC_{fit-3} + \beta_3 VS_{it-3} + \beta_4 DAFF_{fit-3} + \beta_5 FirmControls_{fit-3} + \delta_f + \tau_t + \epsilon_{fit} \quad (7)$$

除了总部行业中心性的总体潜在影响 β_1 之外，如果跨国公司从其海外子公司的额外知识溢出中受益，那么公式（7）中的 β_2 预期为正。

为了控制行业层面的价值链参与度，VS_{it-3} 表示反向或正向的参与度。进口竞争程度可能会增加或减少对国内企业数字化转型创新活动的投资激励。离岸外包可以通过增加更便宜的中间商输入的可用性或允许企业专注于其核心活动来增加数字化转型创新，但如果组装商和零部件供应商的地理位置接近对产品数字化转型创新很重要，则可能会减少数字化转型创新。

表 3-2 显示了扩展模型的估计结果，其中包括外国分支机构国

家-产业的平均中心性公式（7）。表3-2的第（1）列和第（2）列显示了固定效应图表估计结果，而表的第（3）列和第（4）列显示的是IV固定效应图表估计结果。

表3-2　**扩展模型的估计结果：外国分支机构产业的中心性**

滞后3年	(1)	(2)	(3)	(4)
	固定效应		IV	
	反向（进口）	正向（出口）	反向（进口）	正向（出口）
L3. 分支机构加权中心性$_f$	0.074***	0.081***	0.068***	0.080***
	−0.015	−0.014	−0.017	−0.020
L3. 中心性(外国)$_i$	0.009	0.163***	−0.157	0.186***
	−0.079	−0.042	−0.136	−0.059
L3. 价值链参与度$_i$	−11.65***	5.762*	−10.325***	6.531***
	−3.654	−2.653	−2.853	−2.653
L3. $TRADE_f$	0.029**	0.005	0.017***	0.007
	−0.005	−0.006	−0.007	−0.007
L3. ln(雇员)$_f$	0.078***	0.075***	0.089***	0.078***
	−0.021	−0.031	−0.026	−0.0271
L3. lnRDS_f	0.005***	0.004***	0.004***	0.004***
	−0.002	−0.002	−0.001	−0.002
L3. $DAFF_f$	−0.086***	−0.087***	−0.089***	−0.090***
	−0.021	−0.025	−0.023	−0.018
可决系数	0.076	0.079	0.090	0.091
Kleibergen-Paap rk LM统计			2.893*	6.382**
Kleibergen-Paap rk Wald F统计			9.734	49.372

注：标准误差集中在括号中的2位数字行业级别。包括企业固定效应和年度固定效应。*代表p<0.10，**代表p<0.05，***代表p<0.01。

本书发现了强有力的证据表明，反向和正向联盟加权中心性均与国内数字化转型创新有关。第（1）列至第（4）列报告的所有规范的估计系数均为显著正相关。这表明，在网络中心性较高的国家或行业拥有外国子公司的跨国公司更有可能申请更高质量的专利。在总部中心性方面，本书发现与表3-1相似的结果，即正向总部中心性对企业数字化转型创新很重要，见第（2）列和第（4）列。以总部中心性为条件，分支机构中心性是显著的，这表明由于价值链中心性，多个分支机构有一个额外的渠道来利用知识溢出——通过其外国分支机构。其他控制变量的估计值与表3-1所示的相似。

因此，虽然行业层面的正向价值链参与度有望增加国内企业的数字化转型创新激励，行业层面的反向价值链参与度与企业数字化转型创新之间的关系事前分析是模棱两可的。本书将这些价值链参与度变量纳入估计方程，以控制垂直专业化程度。

至于企业层面的控制变量，本书包含了以员工数量取对数衡量的企业规模，以研发库存取对数衡量的企业知识存量。本书纳入了企业层面的贸易模型，该模型对于利用反向价值链衡量的回归反映了进口企业，利用正向价值链衡量的回归则反映了出口企业。本书还纳入虚拟变量$DAFF_{fit-3}$，它为至少在国外有一家分支机构的企业而设。δ_f和τ_t分别表示特定企业固定效应和特定年份固定效应。

本书采用反映企业在外国子公司的平均中心性的第二个中心性指标来补充第一个中心性衡量指标（企业总部行业的价值链中心性）。许多专利申请企业是跨国公司，分布在许多不同国家和行业，它们很可能从其海外子公司的额外知识溢出中受益。本书构建了一个附属企业规模加权的东道国行业中心性衡量指标FC_t，以捕捉跨国公司通过其外国附属企业获得知识的可能性。本书预计，当这些国家或行业具有更高的价值链网络中心地位时，在外国经营的公司将从其子公司所在的国家或行业获得更多的技术溢出。因此，本书构建了一个分支机构规模加权的东道国行业中心性指标，以捕捉跨国公司外国分支机构的知识溢出。分支机构规模加权的东道国行业中心性指标定义如下：

$$FC_{ft}^{\text{back}} = \sum_k \sum_j (AF_{fkjt} / AF_{ft}) C_{kjt}^{\text{back}} \tag{8}$$

$$FC_{ft}^{\text{for}} = \sum_k \sum_j (AF_{fkjt} / AF_{ft}) C_{kjt}^{\text{for}} \tag{9}$$

公式（8）、公式（9）中，AF_{fkjt}表示第t年跨国公司f在k国的子公司在第j行业雇用的工人人数。AF_{ft}表示第t年跨国公司f所有外国子公司雇用的工人数量。对于在国外没有子公司的公司，本书将FC定义为零。

3.2.3 异质性分析

本书考察了通过出口或进口直接嵌入价值链的企业是否通过网络从知识溢出中受益更多。本书使用固定效应来估算公式（6）和公式（7）。对于基准估计，采用每个解释变量的3年滞后值，包括企业固定效应和年度固定效应。本书选择3年滞后解释变量，以捕捉数字化转型创新过程中涉及的时间滞后，如专利决策和申请过程（这个过程可能非常缓慢），并意味着在数字化转型创新结果中实现价值链中心性的任何影响之前的延迟。这也减少了内生性问题的范围。企业固定效应也消除了任何时间不变的未观察到的特定企业的混杂因素，其中可能包含管理资本，这意味着分析捕捉到了企业内部的变化。年份模型也控制了宏观冲击的作用。

在表3-3中，添加了价值链中心性和参与度与企业出口/进口状况的相互作用项，以检验价值链核心性/参与度在企业类型中的异质性作用。表3-3显示了固定效应图表估计结果，而表3-4显示了IV固定效应图表估计结果。本书发现，对于直接出口或进口的企业来说，中心性的作用更强。与表3-1的结果一致，正向中心性倾向与专利申请数量呈正相关。此外，中心性和出口虚设的相互作用项呈正向显著系数，这表明，通过正向联系变得更为中心的行业中，其出口商往往会申请更多的专利。表3-3和表3-4的结果都表明，更为中心的行业中的贸易企业更有可能进行数字化转型创新。然而，与中心性相反，本书没有发现任何与价值链参与度相关的显著企业异质性。分支机构加权的中心性和其他控制变量的系数与表3-2相似。

表3-3　　　　企业贸易导向的异质性（固定效应）

因变量：ln(1+专利申请引用加权数)				
滞后3年	(1)	(2)	(3)	(4)
	反向（进口）	反向（进口）	正向（出口）	正向（出口）
L3. 分支机构加权中心性$_f$	0.065***	0.061***	0.069***	0.081***
	-0.015	-0.05	-0.011	-0.013
L3. 中心性(外国)$_i$	-0.025	-0.036	0.085*	0.204***
	-0.053	-0.085	-0.03	-0.041
L3. 价值链参与度$_i$	-15.38***	-7.63	5.104*	7.489*
	-3.284	-5.382	-3.482	-4.392
L3. $TRADE_f$×L3. 中心性(外国)$_i$	0.162		0.132***	
	-0.095		-0.042	
L3. $TRADE_f$×L3. 价值链参与度$_i$		-13.28		-1.837
		-8.492		-1.753
L3. $TRADE_f$	-0.065	0.095*	-0.216***	0.040
	-0.069	-0.073	-0.053	-0.031
L3. ln(雇员)$_f$	0.084***	0.087***	0.074***	0.083***
	-0.032	-0.028	-0.03	-0.03
L3. lnRDS_f	0.005***	0.005***	0.004***	0.004***
	-0.002	-0.002	-0.001	-0.001
L3. $DAFF_f$	-0.084***	-0.078***	-0.089***	-0.090***
	-0.021	-0.021	-0.025	-0.021
可决系数	0.092	0.083	0.083	0.090

注：*代表$p<0.10$，**代表$p<0.05$，***代表$p<0.01$。

表3-4　　　　企业贸易导向的异质性（IV）

因变量：ln(1+专利申请引用加权数)				
滞后3年	(1)	(2)	(3)	(4)
	反向（进口）	反向（进口）	正向（出口）	正向（出口）
L3.分支机构加权中心性$_f$	0.074***	0.080***	0.084***	0.083***
	-0.021	-0.024	-0.031	-0.021
L3.中心性(外国)$_i$	-0.532***	-0.302	-0.093	0.201***
	-0.132	-0.174	-0.094	-0.085
L3.价值链参与度$_i$	-17.94***	-16.59	4.645**	7.041**
	-5.831	-5.743	-2.394	-2.784
L3.$TRADE_f$×L3.中心性（外国）$_i$	1.542**		0.68***	
	-0.579		-0.291	
L3.$TRADE_f$×L3.价值链参与度$_i$		-13.92*		-1.591
		-7.492		-1.392
L3.$TRADE_f$	-0.893**	0.084**	-0.672***	0.021
	-0.474	-0.046	-0.153	-0.022
L3.ln(雇员)$_f$	0.08***	0.079***	0.087***	0.079***
	-0.032	-0.028	-0.021	-0.025
L3.lnRDS_f	0.004**	0.003***	0.003***	0.004**
	-0.002	-0.001	-0.002	-0.001
L3.$DAFF_f$	-0.065***	-0.075***	-0.069***	-0.089***
	-0.021	-0.022	-0.018	-0.023
可决系数	-0.039	0.083	0.053	0.094
Kleibergen-Paap rk LM统计	5.392**	3.492*	6.382**	6.329**
Kleibergen-Paap rk Wald F统计	8.492	9.482	17.482	49.582

注：标准误差集中在括号中的2位数字行业级别，包括企业固定效应和年度固定效应。*代表$p<0.10$，**代表$p<0.05$，***代表$p<0.01$。

表3-1至表3-4中的结果表明，通过正向联系成为价值链网络的核心对数字化转型创新比反向联系更重要，这对出口企业来说更为重要。换言之，接触到更广泛的客户可能会促进数字化转型创新活动，并带来更好的数字化转型创新成果，适用于这些行业的所有企业，对出口商来说尤其如此。位于价值链关键枢纽的出口商从下游市场各种客户的知识溢出中受益相对更多。事实上，粗略计算表明，中国价值链中心地位的下降在很大程度上解释了中国专利放缓的原因。1995—2021年，引用加权专利申请数量（本书的因变量）平均下降了22.5%，同期价值链中心性的平均值下降了48.0%。此外，反向价值链参与度与专利申请呈负相关（表3-1和表3-2的第（1）列和第（3）列以及表3-3和表3-4第（2）列）。国内关于离岸外包和数字化转型创新之间关系的文献越来越多，但对它们之间存在任何联系的迹象还没有达成共识。如Fort等所示，企业内部生产和数字化转型创新的空间距离越近，越可能会促进专利申请。另一方面，Delgado研究表明，区域集群中的数字化转型创新和生产协同定位对后续数字化转型创新至关重要。

本书还考虑了工具变量以缓解内生性问题。使用中国加入WTO的时间来测量本书的第一个中心性指标，即公司总部产业的中心性。中国加入WTO与“亚洲工厂”的中心枢纽相对应。最初具有较高中心性的中国产业的中心性下降幅度特别大，而中国产业的中心性则显著上升。本书的工具变量包含两部分：一部分是反映中国加入WTO时间的虚拟变量；另一部分是反映中国产业最初中心性的相互作用项。中国加入WTO的虚拟变量从2002年起的年份取1，在2002年之前的年份取0。相互作用项反映了最初一年（1995年）中国产业的中心性。本书认为，中国加入世贸组织与中国工业中心地位的下降高度相关，那些中国最初在价值链网络中更为中心的行业表现得尤其明显。

本书纳入了时间和企业模型，反映中国冲击的任何累积时间效应、行业或企业之间的初始差异。本书排除的限制依赖于未来企业层面专利申请的变化，而这些变化与最初进入的行业差异无关。

为了解决外国子公司所在地的内生性问题，例如潜在的知识寻求型的外国直接投资，本书构建了第二个中心性指标的工具，反映了每家企业的平均外国分支机构中心性，但将分支机构结构和位置固定在1995年。本书将中国跨国公司的外国子公司第一年雇用的工人数量作为权重，而不是当前的工人数量，即1995年外国子公司雇用的工人数量来计算。对于1995年后建立第一家外国子公司的公司，当公司在国外建立至少一个分支机构时，本书计算第一年外国分支机构雇用的员工人数。同样，与转换股份工具类似，第二种工具在排除限制时，先假设企业数字化转型创新的未来变化与其最初的外国附属网络无关。

3.2.4 稳健性分析

本书的中心性指标既反映了直接联系，也反映了间接联系。本书将中心性分解为直接连接分量（度中心性）和间接高阶连接分量，见公式（2），并使用这两个分量重新估计公式（6）。显然，这些往往高度相关，具有更大直接贸易联系的国家和行业也具有更大的间接联系。直接贸易联系是指两个国家之间直接进行的商品和服务交换，这种交换通常由双边贸易协定或多边贸易协定来规范。而间接贸易联系则是指一个国家的某个行业通过另一个国家的某个行业，间接地与第三国的某个行业产生联系，这种联系通常通过价值链或者供应链来实现。在价值链中，一个国家的某个行业可能会从另一个国家进口原材料或零部件，然后加工成成品，再出口到第三国。这样，这三个国家就通过这个价值链产生了间接的贸易联系。这种联系的存在，使得一个国家的行业发展受到其他国家行业的影响。由于这种共线性，本书无法在同一回归中共同包含直接项和高阶项。此外，本书还采纳了价值链网络的替代指标，用于比较中心性与网络位置。值得指出的是，本书重复了公式（6）的基准估计，包括价值链上游衡量指标。本书在上文中已经表明，对中国而言，中心性的大部分变化来自行业内的变化，而非比较优势或专业化的跨部门变化。为了控制比较优势的作用，本书对每个部门（增加值）揭示的比较优势进行了衡量。最后，本书还将部门产出作为衡量规模的指标，它通常与中心性指标高度相关。研究发现，即使是以网络地位的替代衡量标准为条件，正向价值链中心性和企业数字化转型创新之间也存在着强相关性。稳健性检验表明，无论是出于提升自身竞争力的内在需求，还是应对外部环境的变化压力，价值链中心性与企业数字化转型创新之间的强相关性都表明，企业要想在未来的竞争中站稳脚跟，就必须重视并积极推进数字化转型。

3.3 本章小结

实证研究发现，在价值链网络中的地位对企业的知识获取和数字化创新具有重要影响。位于价值链中心的企业和与当地供应商、客户建立联系的跨国企业，能够更好地获取关键知识，从而提升自身的竞争力。同时，价值链中的上游行业对下游行业产生的知识溢出效应也为企业的发展提供了新的机遇。价值链中的上游行业，如原材料供应商、设备制造商等，对下游行业，如成品制造商、销售商等，产生积极的知识溢出效应。上游行业的技术创新和效率提升，会通过产品和服务的形式传递给下游行业，推动下游行业的技术进步和效率提升。这种知识溢出效应，不仅提升了整个价值链的竞争力，也为下游行业企业的发展提供了新的机遇。因此，企业应重视自身在价值链网络中的地位，优化自身的能力和资源，制定正确的战略，充分利用价值链网络中的知识和信息，推动自身的发展。

4

价值链视角下企业数字化转型创新的案例分析

服务业在国民经济中处于重要地位，其发展程度是衡量一个社会经济先进与否的重要指标。服务业不仅在经济领域举足轻重，同时也在社会层面赢得了日益提升的地位。

在工业化之前，美国社会的商业化程度已然极高，那时服务业的比重已经超过了40%。20世纪30年代，美国遭遇经济大萧条，联邦政府采取多种旨在缓解危机的策略，包括推进服务业的增长；动用财政资金建设道路设施，如公路与铁路，加大对运输基础设施的财政扶持力度；对金融行业实施严格监管，推行专业分离的经营模式，商业银行业务与投资银行业务须严格划分，禁止银行在不同州设立营业机构和进行州际并购活动。美国的第三产业蓬勃发展，创造了大量就业岗位，同时提高了制造业的生产效率和资本的运用效率。以医疗卫生、餐饮住宿、修理以及商业为主的传统行业，是基于过往的生产手段而发展起来的。在经济和科技的双重推动下，传统服务行业正在渐进地转变为符合现代需求的服务业态。以信息技术和知识经济为基石的新型服务行业，运用先进的科技与管理，促使生产性服务朝专业化与价值链高端发展，生活性服务向优质与个性化提升，并强化了公益性与基础性服务的建设，具备高科技含量、高人力资本投入、高附加值的特点。

餐饮业作为服务业的重要组成部分，在服务业的转型与升级过程中扮演了举足轻重的角色。在经济和科技水平提升的推动下，大众的消费模式与思想理念也在持续地迭代更新。餐饮业作为以消费者需求为核心的产业，必当顺应市场潮流，积极投身于企业的转型与升级。餐饮业在激烈的市场竞争中，通过引入前沿技术、紧贴顾客喜好、实现成本控制与效益增长，构成了提升竞争力的关键战略。随着数字经济的兴起，餐饮业迎来了新的春天，巧妙地利用数字技术，餐饮企业能实现一场深刻的变革，并且抓住巨大的发展机遇。借助数字技术的恰当应用，企业可以实现管理层面的提升、预见的精准性与决策的科学性，在企业的长远规划中，应当给予数字技术足够的关注，通过不断的模式创新与机制优化来应对时代发展的挑战，并迎合客户日益增长的需要。

近年来，随着经济结构逐步转型升级，我国的消费性服务业已经悄然崛起，成为国民经济的重要组成部分。2023年社会消费品零售总额达到471 495亿元，其中餐饮收入52 890亿元，年增20.4%，超越了7.2%的总体增速。餐饮行业持续壮大，为激发国内消费需求、拓宽就业渠道、促进农业进步及增加国库收入贡献显著，成为推动经济繁荣与社会进步的重要力量。中国饭店协会研究发现，2023年我国餐饮行业呈现明显的回暖迹象，业界对未来发展充满信心，社区餐饮服务业的扩张与餐饮市场的向下拓展正变得日益显著，平民化餐饮已经成为中国餐饮行业前进的主导趋势。中国在餐饮业的连锁经营、数字化转型、产业升级、标准化建设、绿色发展等多个方面正在高质量成长，这为餐饮业步入“万家店铺时代”奠定了坚实的基础。

政策助力下，“互联网+”如同血液渗透进了各行各业，大数据、云计算、物联网这批数字化的生力军正迅猛地重塑消费者的行为习惯和商业生态，供给、服务、营销和盈利模式的创新，铸就了全新的商业模式探索之路——从差异化的价值创造到新零售的多维度盈利，一系列创新举措构建了商业帝国的新基石。结合了互联网和餐饮业的创新模式，为传统餐饮业的转型升级提供了新机遇，中国餐饮业正在跨越式发展，从传统服务业向现代化服务业迈进。移动互联网的蓬勃发展带动大众点评、美团外卖等线上O2O平台纷纷布局餐饮行业，消费者开始越来越多地通过网络接触各类餐饮服务，他们的互联网思维也在这一过程中得到了有效的培养，需求侧数字化因此取得了显著的进步。

国务院在2022年发布的《“十四五”数字经济发展规划》明确指出，数字经济是继农业和工业经济之后的主要经济形态，是以数据资源为关键要素，以现代信息网络为主要载体，以信息通信技术融合应用、全要素数字化转型为重要推动力，促进公平与效率更加统一的新经济形态。《数字中国发展报告（2022年）》显示，我国的数字经济总体规模已高达50.2万亿元，网络零售市场规模更是连续9年全球领跑，软件和信息服务业收入达10.8万亿元；制造业数字化转型提档升级，工业企业关键工序数控化和数字化研发设计工具普及率分别增至58.6%和77%。在数字化浪潮席卷之下，数字经济与服务业发生了深度融合，餐饮行业正经历着数字经济的深度改造。在时代进步的大背景下，餐饮行业创新了各式各样的经营手法，各种新型生活方式和消费模式层出不穷，如“围炉煮茶”“自助小酒馆”“新式茶饮”“蔬果轻食”等，但本质上还是沿袭了分散的产业布局和依靠大量人力的传统生产手段，并不能持续迎合消费者不断变化的消费理念。为了迎合数字经济浪潮，餐饮业需从内部进行根本性的数字变革，这是企业在竞争激烈的市场中站稳脚跟、增强实力的关键策略。对餐饮公司来说，数字化本质上是将数据变为关键生产资源，融入从产品制造到服务提供、从流通环节到最终消费的整个流程。这样做的目的是借助数字科技推动餐饮行业边际效率的提高和整体生产效率的升级。站在餐饮业高层管理者的视角，数字化转型的推进，无疑是对他们固有的决策逻辑与创新能力的一次严峻考验。顺应时代潮流，领导层需深入理解数字化转型的本质，并将其与企业实际有机融合，方能奠定企业数字化转型的基础。从公司运作模式视角观察，运用数字化手段，可以降低公司的生产和运营开支。站在顾客的视角看，数字化的经营模式摒弃了过去复杂耗时的消费沟通手段，使得购物流程变得更为简洁和轻松。

在数字化浪潮的背景下，餐饮业面临转型升级的迫切课题。餐饮业承受着经营成本高企、盈利能力偏低的挑战，人工、铺面租赁和食材这三项主要开支，让餐饮公司的资金流紧张。受传统餐饮业重视线下店面经营策略的影响，从业者常常将运营资金投入到店铺的扩充中，依赖规模扩张与客流量来缓解人工成本与租金的压力，一旦遭遇突发事件，就可能面临资金链断裂的风险。餐饮业由于进入门槛相对较低，缺少优秀的管理人才，对于“互联网+”的认知较为浅薄，这些因素共同作用使得其运营管理效率不尽如人意。餐饮业亟须数字化改造，加速了其供应链的数字化转型进程。餐饮公司将数字化手段应用于日常经营管理，以降低运营成本并增强运营效率，同时采用线上线下一体化的经营模式，以增强对市场风险的抵御能力。这些做法不仅具有显著的现实意义，也富含理论探索的价值。

以西贝餐饮集团作为研究案例，本书对数字化浪潮中餐饮业的转型路径进行了深度剖析，据此创建了一个适用于餐饮企业的数字化价值链模型，并进一步提出了具体的数字化转型策略，旨在对该领域的发展提供有益参考。

4.1 西贝餐饮集团概况

4.1.1 基本发展概况

西贝餐饮集团（以下简称西贝）成立于1988年，主营中式休闲正餐，开创性地将独具特色的西北民间菜肴带入大众消费视野。西贝主要采用直营连锁经营的商业模式，旗下有5个品牌（西贝莜面村、贾国龙中国堡、西贝功夫菜、九十九顶毡房和西贝海鲜）。经过36年的发展，截至2024年5月，西贝在全国20多个省份60多个城市开设了400余家门店，提供堂食和外卖服务，拥有员工超过24 000人，年销售额接近百亿元。西贝的愿景是“全球每一个城市、每一条街、都开有西贝，一顿好饭，随时随地。因为西贝，人生喜悦”。西贝发展自身的同时，也肩负起社会责任，获得2022年中国益公司企业社会责任力“公益慈善杰出企业”、第十一届中国食品健康七星奖、中国烹饪协会“2020年度中国餐饮百强企业”、首届“彼得·德鲁克中国管理奖”等30多项奖励和殊荣。

具体来讲，西贝的发展可概括为以下几个时期：

（1）萌芽期（1988至1997年）。1988年，西贝的发展基础，即第一家店，康德乐咖啡厅在内蒙古临河开张，两个月后改名为黄土坡小吃店，而后又逐渐拓展了西贝酒吧、爱丽格斯海鲜餐厅、新都大酒楼等多家店面，于1997年注册成立西贝餐饮有限责任公司，以其独特的内蒙古西部河套风味逐步拿下了临河餐饮市场，成为临河第一餐饮品牌。这一时期的西贝门店主要为街边大店，一般位于城市边缘地带，店铺面积超1 000平方米，主打西北窑洞风格，店铺装修以窑洞、土墙、院落、枣树、辣椒、玉米垛等元素为特征。随着西贝的不断发展，这些第一代店铺基本退出市场。

（2）初创期（1998至2007年）。1997年，西贝首次走出临河，探索深圳市场，开始经营园丁酒楼。同年西贝走入北京，开了北京的第一家店——金翠宫莜面美食村，这标志着西贝跨地区经营序幕的拉开了，是西贝发展的一个里程碑。1998年3月15日，《品味》创刊。2000年，北京西贝餐饮管理公司成立，2002年更名为西贝莜面村。2007年，西贝爱心互助金成立。同时，西贝发展出多品牌，除西贝功夫菜之外的三大品牌同时运营，门店逐步扩展到20多家，有了成为大品牌餐饮企业的雏形。这一时期，中国进入了“购物中心”时代，西贝将第二代店铺设为购物中心的“店中店”，由于购物中心的限制，店铺面积缩小到1 000平方米以下，餐饮模式由围餐变为简餐。

（3）发展期（2008至2017年）。2010年，为创新发展战略，西贝与特劳特（中国）咨询公司合作。合作初期，西贝的扩张速度与销售业绩有了一定涨幅，但整体业绩并不理想。2014年，西贝莜面村完成品牌转化，树立品牌形象，设计并采用了独特的“I♥莜”品牌符号和方形LOGO，推出“走进联合国总部和纽约大学”“舌尖上的中国”等一系列营销活动，推出手工空心面产品，让西贝的品牌形象深入人心。同时，为增强消费者对餐厅的信任度，西贝一改“后厨重地，外人勿入”的传统，调整为“明档厨房”，获得了顾客的信赖。2015年，西贝提出“非常好吃”战略，不再执着于“大面积门店”的扩张，转而开启小店模式，业绩迅速发展。2016年，西贝莜面村所有门店进入西贝赛场，打造赛场机制，创造赛场文化。2017年，西贝提出家庭友好餐厅战略并延续至今。同年，西贝在内蒙古武川建厂，打造有机莜麦基地，保留磨制莜面的传统工艺并购置先进的瑞士布勒制粉机械，用标准的现代化设备统一进行处理，建立一套完整的莜面工艺标准，并开始数字化转型。此时西贝进入第三代店铺时期，店铺面积缩小到500平方米以下，追求休闲化和“小而美”，以开放式厨房、明档餐饮、体验式销售和流程再造为特征，通过精简菜品种类，提升了上菜速度、服务效率和翻台率，用户满意度上升。随着店铺面积变小，选址变得更容易，资金压力减小，而这些优势推动了西贝的扩张。

（4）波动发展期（2018至2024年）。到2018年西贝VIP付费会员数超过67万。2019年9月，西贝上市第一款功夫菜产品，推出零售品牌“西贝功夫菜”。新冠肺炎疫情使餐饮企业发展大受伤害，严格的居家办公和在线上学使店面生意一落千丈。然而危中有机，数字化技术趁势而上，帮助企业扭转局面，获得快速发展。2021年12月，西贝获得了“中餐领先品牌”“服务家庭超1亿人次”的权威认证。2022年，西贝专业儿童餐10款零售品上市，用更专业的营养搭配助力宝贝健康成长，“西贝儿童餐，好吃带回家”。后续，西贝计划到2026年完成IPO。

4.1.2 西贝餐饮更迭状况

从初创到现在，西贝经历了产品、服务、业务、组织及品牌的多次更迭。

从产品更迭来看：1988年至2009年刚起步时，主打的核心产品是源自内蒙古西部河套地区的特色莜面。2010年至2012年，在专家的建议下将品牌“西贝莜面村”更名为“西贝西北民间菜”，1年后又改为“西贝西北菜”，最终定型为“中国烹羊专家”。尽管公司规模和销售业绩增长迅猛，但盈利状况尚未达到预期目标。2013年至今，西贝重新聚焦以莜面为核心的小吃领域，菜肴的整体架构不断更新升级，通过深入研究和多次内部测试，对菜单进行了瘦身，从原有的120多道菜品缩减至45道精粹之选，产品迭代和菜品创新始终以顾客满意度为标尺，通过收集和处理顾客反馈来不断完善流程。采用独特的“红冰箱工作法”，将顾客不满意的或退换的菜品存放于红色冰箱中，每晚对红色冰箱内的菜品进行深入分析，针对顾客的具体原因总结菜品的不足并加以改进，由此建立了一套打造极致单品的机制。

从服务更迭来看：2014年，西贝餐饮尝试了小型店铺的新经营方式，推出了透明厨房以及让顾客参与体验的消费模式，在这家餐厅里，顾客能目睹菜肴从制作到成品的每一个步骤，与厨师进行零距离的交流。转变服务模式，揭开了厨房的神秘面纱，提升了顾客的消费体验，增强了顾客对餐厅的信赖，缩短了餐厅与顾客之间的心理距离。在节奏不断加快的社会环境中，西贝餐饮通过精简食材供应链和深化员工技能培养，加快了烹饪节奏，并以沙漏作为计时工具，向消费者保证服务效率："我们保证在25分钟之内将一桌美味佳肴备齐，倘若未能如愿，将免费奉上两杯酸奶。"自2016年起，西贝致力于引领餐桌服务的智能转型，消费者仅需扫码，即可完成排队、餐位预约、点餐以及支付等一系列便捷服务，同时还能查看会员卡和优惠券信息，实现了餐饮体验的全面升级。这类智能化的餐饮服务，不仅提升了顾客的就餐体验，同时缩减了餐厅的管理开支，还极大地推动了实体餐饮店顾客与品牌之间的互动交流。

从业务更迭来看：西贝以莜面产品为核心，除了主品牌"西贝莜面村"之外，不断探寻和开发符合公司发展战略的新业务领域。2016年9月，西贝尝试研发并实施快餐化模式，打造出"西贝燕麦面"的雏形店面，但因燕麦面制作效率不高和推广该品类的市场培育费用较高，该项目在2016年12月即被叫停。西贝在麦香村品牌上进行了快餐业务的拓展，起初以小碗菜、焖面、手抓饭等八大菜品为主打，随后转向汤面和拌面系列，由于市场反馈并未达到预期效果，开业不到三个月的麦香村被叫停。西贝公开表示将暂时搁置快餐业务，集中精力优化西贝莜面村的品牌和产品，不断进行创新和提升。西贝在快餐领域的尝试虽遭遇挫折，却并未因此止步，依然保持着对新品类的探索和对旧模式的革新。2017年11月26日，西贝莜面村首家专做外卖的店铺宣告开业。西贝餐饮计划通过专门的外卖店铺来试点精品外卖服务，并同步提升现有店铺的外卖服务能力。西贝餐饮的增长动力主要源自堂食与外卖的双线运营策略。西贝与美团点评、饿了么、百度、到家美食会等四家主要的外卖服务网站建立了合作关系，在这些平台上推出了192家店铺，在某些地区还采取了本店配送模式以优化服务流程。2017年，西贝通过外卖渠道获得的收入超过了4亿元，比前一年增长了超过300%，占总营业额约1/10。

从组织更迭来看：自2012年起，西贝推行员工内部创业计划，激励在职人员化身创业者投入新店铺筹备工作，在全国各地共设立13个自主创业分部，这些分部的名称分别取自各自总经理的名字。西贝旗下的每一个创业分部的共同创办人都享有利润分配权。通过推行内部创业机制，西贝逐步演变成一家员工参与加盟的合伙企业。为激发员工的竞争精神，西贝推出了竞争激励机制，根据消费者感受、团队凝聚力、厨房比拼新规则、轮班管控、食品卫生、品牌落实、人流量上升、安全维护等关键绩效，由总部将对各创业分部及零售店铺进行绩效评估，并依照业绩优劣分为A+、A、B、C、C-五个等级。西贝的高层决策机构将撤销部分业绩不佳分部的经营许可，并将这些资源重新授权给新近成立的分部，旨在有效管理店铺的增长速度和质量标准。赛制化有效推动了店铺在管理及运营方面的规范化，提升了店铺管理水平，激发了团队的活力，助推了增长势头。

从品牌更迭来看：西贝以“西贝莜面村”出道，主打亲民乡情、家的氛围和友聚场所，向广大顾客推出源自内蒙古西部的地道美食。2010年，鉴于莜面餐饮的成本较高，消费者尚未培养出相应的消费习惯，西贝携手特劳特咨询机构，对其品牌进行了重新定位，更名为“西贝西北民间菜”，鉴于民间菜品在传统分类中并无固定归属，于2011年精简为“西贝西北菜”。在经历了两次战略调整和品牌重塑后，西贝摆脱了原有的乡村风格，由一家主打家常菜的餐馆转型为提供多种菜品的综合性餐厅，并试图向高端市场发展，但是定位的提升并没有带来预期的经济收益。为了进一步打造品牌特色，依托羊肉食材选取与加工环节的显著优势及产品种类的特色化，西贝重新定位为

"中国烹饪羊肉的权威专家"。实际上，从羊肉的选取到烹饪，西贝所拥有的资源和能力尚不足以让它自称烹饪羊肉的专家。经过数年的反复摸索与深刻自省，凭借菜品种类的特色与优良的健康理念，西贝最终于2013年将主力品牌定为"西贝莜面村"。此次转型升级并非单纯地回到原点，而是在深入挖掘长期运营经验和品牌更新升级的基础上进行的一次创新定位。

4.1.3 西贝餐饮营业状况

从1988年创立至今，随着消费者消费习惯和市场竞争环境的变化，作为中式正餐的头部连锁品牌的西贝也在变化。2020年以前，西贝主要做成人餐饮，对于儿童餐饮关注较少。但随着顾客群体不断扩大，儿童顾客也成为了西贝的主要消费者之一。早期的儿童餐多是对成人餐的简单改良，反响不佳。近几年，西贝莜面村开始探路儿童餐，2022年6月正式发布专业儿童餐。据悉，儿童餐的营业额约占西贝莜面村总营业额的10%。除此以外，西贝创始人贾国龙加大了对中式快餐的关注。从西贝燕麦工坊到西贝燕麦面，再到麦香村、超级肉夹馍、西贝酸奶屋、弓长张……西贝的子品牌艰难探索。据官方数据，西贝在探索中式快餐上已累计投资十亿元。2023年3月9日，贾国龙中国堡首店在北京中关村e世界开业，截至2023年9月20日，贾国龙中国堡已经开设52家门店，且均是直营门店。

在销售渠道上，西贝继续发力外卖，使外卖营业额达到了总营业额的三分之一。2023年9月19日，贾国龙公开表示，2023年西贝莜面村的营业额创下历史新高，前八个月营业额已超过2019年同期水平。同时贾国龙也立下了2024年的目标：实现10%的客流增长。1988至2020年，西贝经历几个发展阶段后逐步进入稳定成熟发展阶段。2019年，北京西贝莜面村一家店铺主营业务收入高达5 000万元，净利润近800万元，西贝员工的平均工资水平高达11 316元。2020年，消费者开始热衷于线上外卖消费方式，外卖行业突飞猛进，外卖营业额一度超过了堂食。由于餐饮后厨面积有限，准备大量外卖就必然会影响堂食出餐。同时，外卖平台机制不完善，外卖利润低于堂食，许多餐饮从业者逐渐侧重于堂食，放弃外卖。但是，创始人贾国龙看到现在消费分级明显，要求西贝抓住对外卖提出更高要求的这部分消费者。西贝莜面村的外卖营业额不断增长，2023年外卖营业额已占总营业额的三分之一。

面向国内，西贝计划进一步完善供应链。西贝拥有华北央厨、华东央厨、华南央厨、泰安央厨、呼和浩特两大工厂、武川有机莜面基地、正蓝旗奶食基地。在“中国莜面之乡”武川及其周边地区建设的12万亩有机莜麦基地，使西贝实现了有机莜面的全国门店供应。随着消费量的上涨，西贝还计划扩大武川基地。面向国外，贾国龙还坚定了让西贝出海的想法。2020年前，餐饮出海有一波小高潮，当时主要以火锅、新茶饮等品类为主。但是中餐出海面临着很多问题，如口味适配、标准化等，考验的是供应链。餐饮业是一个受上游原料质量、供应影响较大的行业，对于餐饮行业的顾客而言，餐饮企业的产品“稳定性”比“美味性”更重要。稳定的产品才能满足消费者的期待，保持稳定的顾客人群。2023年，贾国龙两次考察英国，发现当地的美食供给依然比较贫乏，但是消费者的消费能力很强，也很愿意在餐厅吃饭，但是菜品既不丰富也不好吃，因此他觉得中餐出海将面对一片蓝海市场。参考麦当劳、肯德基等全球餐饮连锁巨头，西贝会采用当地的供应链以保证稳定性。出海的第一步是设计菜单，西贝将根据当地食材完成菜品设计。自2024年初起，西贝莜面村的团队将陆续到北美、欧洲、东南亚等地考察市场。贾国龙坚定了出海目标，2025年必须把店开出来。

4.1.4 西贝中餐现代化

“中餐现代化”是西贝中长期驱动品牌增长的最主要逻辑与底层战略，将“传统中餐烹饪艺术”“现代食品科学技术”“现代化管理手段”三者结合统称为“中餐现代化”。

在以上三个方面，西贝均有系统性的布局，且持续积淀了35年。

（1）“传统中餐烹饪艺术”。西贝覆盖了产品研发、试验到推广的各个环节，研发人员分布在全国各地，他们四处寻觅且学习制作美食，然后由门店的工匠厨师落地，由此保证美食的高品质与地道风味。

（2）“现代食品科学技术”。西贝拥有高品质的预制能力、高效的物流与仓储能力、高标准的食品安全能力、紧贴一线的数字化能力等先进的餐饮现代化底层能力，由此得以实现在中式正餐领域当中的门店数量领先、产品口味领先、模式领先。

（3）“现代化管理手段”。“分部老大机制”是西贝莜面村品牌底层的“共享、共担、共创”机制，总部与创业分部共享成果、共担风险。基于这一机制，西贝达到了约360家门店的领先规模，并带领2万名员工持续在中餐领域创新、创利。

企业的根本在于创造价值，借助供应能迎合消费者需求的产品和服务，形成客户价值与企业收益。价值链分析法由哈佛商学院的策略大师波特提出。企业价值链涵盖了内部与外部的价值创造活动，分为基本活动与支持性活动两大类。基本活动主要涉及产品的设计与制作、产品的推广与交易、顾客的接受与变动，以及后续的客户支持等方面；支持性活动是基本活动的配套，通过提供物资资本、科技支持、人员配备及企业内部各项职责来支持基本活动。两者涉及的关键分类及具体含义详见表4-1。

表4-1 **基本活动和支持性活动的分类及定义**

所属价值活动	类别	定义说明
支持性活动	企业基础制度	企业基础管理与运作制度
	人力资源管理	包括涉及所有类型人员的招聘、雇用、培训、开发和薪酬管理等各项活动
	研究与开发	其对象主要包括技术诀窍、程序，以及工艺设备中的技术
	采购与物料管理	购买用于投入企业价值链的各种活动，包括企业生产原料的采购以及与支持性活动相关的购买行为
基本活动	进料后勤	接收、存储和分配活动
	生产作业	将生产投入转化为最终产品的各种活动
	发货后勤	集中、存储以及将产品发给买方的各种活动
	销售	提供买方购买方式以及引导他们购买的各种活动
	服务	提供服务以增加或保持产品价值的各种活动

4.2 西贝餐饮集团内部价值链分析

4.2.1 支持性活动分析

（1）基础设施实现数字化转型。在餐饮行业与互联网融合发展的早期阶段，数字化进程首先从消费线上化开始，门店通过POS系统、在线点餐和CRM系统的运用与升级，对餐品进行数据化管理，实现消费和订单的数据化，从而为顾客提供便捷。顾客仅需扫描二维码，便能享受点餐服务，查看餐品图片、样式、内容、库存状态、价格和餐费标准。在结账环节，引入网络支付手段，省却了顾客前往服务台排长队的烦恼，改进了结账流程并减少了经营成本，顾客仅需通过扫码即可预订餐厅座位，免去了现场排队的时间消耗，同时简化了电话预订的复杂程序，避免了给顾客带来不愉悦的感受。借助线上平台推出会员分级制度，包括付费和优惠策略，成功将2 000万用户的资料数字化，从而打破了物理门店在时间和空间上的限制，实现了业务的拓展。同时，将原本零散无序的客户关系管理转变为专业化的体系，允许会员通过数字积分兑换美食或享受特定的餐饮优惠，从而提升客户的忠诚度并推动消费增长。借助该平台，使福利资讯直达消费者。2018年，西贝打造了一个全新的餐饮服务中心，以阿里云服务作为其信息技术的基础设施，实现了企业IT设施的全面云端化，确保了在用餐高峰期及假日对信息系统的高效支撑。启动内源性研发，打造贴合中华美食的智能供应链体系，覆盖从食材选购、中央加工、仓储物流到店铺订货的全流程，集成各个环节的数据资源，根除信息碎片化问题，促成了链条全程的数化和智化。在连锁模式下，对各分支店面的业务流程、食材供给环节，以及菜品生产流程进行统一规范，确保餐饮产品维持恒定的优质水平。

（2）信息化手段在管理机制中的应用。2018年，西贝启动了一项覆盖旗下莜面村、海鲜事业部、九十九顶毡房等在内的23 000多名员工的人力资源信息系统项目，该项目包含了组织人事、薪资、培训等多个管理模块。西贝实行一套明确的按时刻培育人才的体系，无论技术提升还是人事管理，都有明确的时间节点，在这些节点上，各种机构从多角度按照“721”的协助原则，助力员工在思维与技术两方面取得提升。西贝大学充当着员工根基业务技能认可与选拔的园地，除对内部员工进行培训之外，更构建了一个集企业培育与主题探险于一体的梦幻训练垂直平台，该平台从设定目标的角度着手，促进员工的自我激励与成长。

（3）实现激励手段的公正均衡。西贝在管理上采用信息化手段提升效率的同时，在人才激励上放弃了传统企业的KPI考核方式，采用一种融合了公平价值分配与“创业分部+赛场制”元素的合伙人机制来激发员工潜力，独树一帜。西贝的每一位创业者都是公司的合作伙伴，享有利润分配的权益。激励创业团队之间开展良性竞争，由总部颁发“营业执照”，依据盈利能力和客户反馈等关键指标，每年举行“全国业绩竞技”。业绩不佳的分部的经营资格将被西贝总部撤销，该资格将由新设立的分部承接，此举旨在确保连锁门店的快速拓展与统一高标准的产品水准。该体系在确保每家分店的服务水准的同时，激发员工的主动性和热情，输出集体所有的服务模式，减少损耗，促成协作，助力全体员工在西贝的平台上彰显并共创价值。

（4）严格把控食物的创造性开发，确保质量与标准化。西贝拥有一个约20人的产品研发阵营，由7位不同领域的专家领衔，他们分别专注于面点、烧烤等多个产品类别的工作。每一种美食，必须历经寻找原料、学习制作工艺、全程的产品测试、确立食材的品质规范等一套严格的标准流程，方能走向餐桌。

4.2.2 基本活动分析

（1）对各类菜肴进行系统的整理与规范，实现统一的管理。采用中央厨房的运营模式，确保食材加工流程的统一规范，借助实时库存数据实现自动化的补给。西贝分别在北京、上海、深圳分别建立了食品加工中心，所有佳肴在这些中心制成半成品后，以低温保鲜技术封存，再直送至各分店，确保每家餐厅都能提供一致的风味体验。厨师长与店长共同负责管理菜品的储存，西贝厨师只需轻点小程序便能及时申报各门店日常所需的食材，告别了以往的人工报单方式，借助历史数据分析，动态设定库存的预警界限，针对工作日与节假日的不同需求，分别预估库存量。此外，系统与供应商的数据端口相连，确保食材的自动、周期性补给。

（2）精准打造佳肴，追求制作过程中的精确度。西贝餐厅为每一道菜肴提供了详尽的烹饪指南，从火候掌控、食材分量到食用油的滴量都有精细的一致标准，以确保无论食客身在何方都能体验到一致的西贝风味。

（3）在市场营销领域，信息技术的深度融合正成为推动行业发展的新动力。将微信小程序、线上商城等引入流量通道，与员工的信息页面链接起来，员工创建西贝会员的微信群组，便于顾客在线选择商品，同时，员工能与顾客进行一对一沟通，实时更新产品资讯，随时提供专业的咨询与帮助。面对疫情新冠肺炎的挑战，西贝积极搭建网络服务平台，有效利用线下人员的空闲时间，吸引大量线上消费者，通过旗下200多家分店管理层在微信群中广泛传播信息，实现了与9万名顾客的一对一互动，向他们介绍商城和产品详情，并提供外卖和食材订购服务。这一举措不仅提供了增值服务，还开辟了持续性的营销新途径。

（4）线上服务的多样化发展。西贝利用微信小程序、线上商城等途径吸引顾客，大力拓展线上外卖服务，超过三分之二的门店热烈响应，使得外卖收入已经成为其总营业额的主要来源，占比高达80%以上。针对公司职员就餐难题，推行集体网上订餐服务；针对在家消费人群，开发了线上精选购物平台，推出了包括牛大骨、羊蝎子等在内的方便快捷的到家功夫菜，顾客在家轻松加热即可享受到与门店一致的美味佳肴。

4.3　西贝餐饮集团外部价值链分析

根据波特价值链分析框架，结合餐饮企业的运作模式，本书构建了餐饮企业基本价值链要素，如图4-1所示。

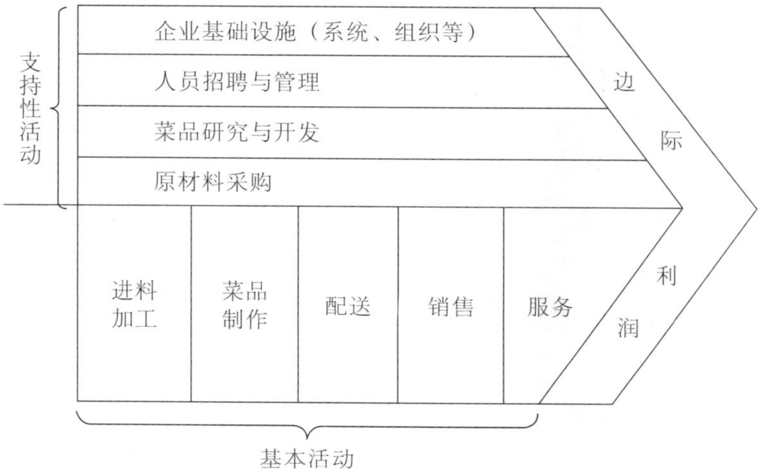

图4-1　餐饮企业基本价值链要素

公司在其价值链的某些关键节点上创造价值，正是这些关键节点构成了企业的竞争壁垒。公司想要维持市场竞争力，必须在价值链的关键部分实现高效运转，以更多地减少成本或产生增值。在移动互联网经济的推动下，餐饮业的产业链呈现出各环节逐一数字化的态势：随着外卖推动的消费者端门店服务转型至家庭配送服务，需求端的数字化浪潮逆流而上，深入供给侧，SaaS收银系统、依托大数据的门店选址优化、中央厨房等现代技术手段正在广泛应用于企业的各项核心业务及后台支持活动。

西贝在启动扩张之旅时，决定依靠自身力量打造数据管理平台，构筑智能物流网络，但随着业务成长，管理层意识到内部研发和SaaS系统提供的服务已无法支撑其业务持续增长的需求。这个供应链体系及其信息化进程不仅效率低下，还消耗了巨额资源，更新换代的速度远远跟不上时代步伐。在数字化信息时代的背景下，该供应链系统对消费者多样化的需求反应迟缓，无法实现迅速而精确的应对。历经30余年发展，公司多项业务系统建设重复且独立，数据碎片化严重，大量数据未能有效整合并驱动管理流程，形成诸多数据孤岛，整合难度大，问题持续显现。在数字化浪潮下，西贝虽坐拥海量的会员资料和相关数据，却未能有效提炼这些数据所蕴含的业务价值。

针对此困境，西贝莜面村应对餐饮业日新月异的业务需求，进行数据整合，依托大数据、云计算等尖端技术，与北京磁云智贝数字科技有限公司强强联手，运用私有云系统，推进数据规范化、资本化、服务化进程，从而加速企业商业模式数字化转型。通过外包数据中台服务，西贝为构建生态供应网络、实现三店合一的集中管理，以及打造全新会员系统的数据融合，打下了坚实的基础。

以下深入探讨西贝餐饮集团价值链的数字化过程，挖掘其战略要点及数字化实施策略与路径，旨在为餐饮行业的数字化转型提供参考模板。

4.3.1 账号互通化

账号互通化，即将消费端账户进行整合，实现数据资源的共享与增强，以促进高效的数据管理。消费者只需一个账户便能登录包括各类小程序、外卖点餐应用在内的多个平台。账户之间的相互连通对于构建会员管理体系大有裨益，确保了大数据的充分利用和私有流量池的生机勃勃。西贝莜面村现行的融合餐饮与互联网元素的全新零售模式，将原本分散的多个店铺、系统、平台会员数据整合为“一人一卡”

进行高效管理，在此基础上致力于拓展数字市场，发掘潜在消费者，深度分析消费者需求，并不断探索新产品的研发路径。依据数据统计，西贝的老顾客平均每隔30天光顾一次，考虑到会员的消费周期和频率，西贝实施了用户分级与差异化的运营方针，具体见表4-2。

表4-2　　西贝用户等级划分及运营策略

<table>
<tr><th>等级</th><th>定义</th><th>运营策略</th></tr>
<tr><td>新客</td><td>90天内只消费过一次</td><td>推荐不同价位的储值卡，提高复购率</td></tr>
<tr><td>回头客</td><td>90天内消费频次少于3次</td><td>淡季或节日期间赠送低价位满减券</td></tr>
<tr><td>活跃客</td><td>90天内消费频次多于3次</td><td>—</td></tr>
<tr><td rowspan="3">沉睡客</td><td rowspan="3">连续60天没有光顾</td><td>沉睡新客：淡季推送低价位满减券</td></tr>
<tr><td>沉睡回头客：每60天推送高价位满减券</td></tr>
<tr><td>沉睡活跃客：每个月推送无限制额度的代金券或菜品券</td></tr>
<tr><td>流失客</td><td>60天内发送促销活动也没到店消费</td><td>—</td></tr>
</table>

互通机制确立后，西贝餐厅强化了对会员群体的精准管理，实施“会员合一”策略，选择企业微信作为其在线运营和管理会员的合作基座，巧妙借助现有会员进行裂变式社交营销，通过追加资金提升宣传与沟通效能。借助各零售点放置二维码标识，并通过网络平台及公众号发布公司二维码，实现企业宣传的广泛扩散。利用消费者的购物记录、浏览轨迹、页面停留时间等数据，进行深入的喜好研究，随后精准推送相关商品或优惠券，以此招揽顾客进行购买。

4.3.2　合作模式创新化与去库存化

西贝牵手银行信用卡中心，推出开卡大礼，以食材作为回馈，配套嵌上西贝标识的菜箱，意在吸引潜在顾客，缓解存货积压；联手电子商务平台及商业超市，采取“共享员工”策略，有效减轻了新冠肺炎疫情期间歇业区域的员工薪资负担；利用零售渠道推广半成品，将核心厨房改造为食品加工厂，通过从餐饮到零售的商业模式创新，将原本的餐食半成品转型为预制包装食品，推出了包括米面油品、健康主食、休闲食品和方便快捷的烹饪食材在内的多样化产品线，成功实践了“餐饮+零售”的融合经营模式。

4.4 西贝数字化转型关键策略

西贝在整合其价值链时，以大数据、云计算等尖端技术为基础，重点围绕“人”与“商品”两大要素，进行数据的全面搜集与深度融合。线上会员体系积累的大量用户和消费信息为营销的数字化转型奠定了根基；在商品流通领域，通过打造涵盖全流程的智慧供应链体系实现了对生产进程中仓储和物流等信息的整合与互通。表4-3展示了西贝价值链分类及数字化策略。

表4-3 西贝内部和外部价值链分类及数字化策略

价值链	类别	西贝实施数字化策略的战略环节
内部	企业基础设施	自主研发云上智慧供应链系统，打通全链条数据
	人力资源管理	人力资源信息系统+合伙人机制
	原材料采购与加工	中央厨房统一采购与标准化加工，智能补货系统
	营销与服务	信息化会员管理，多元化服务模式，线上化服务渗透
外部	消费者	账号打通+会员数据运营
	合作商	营销渠道拓展+共享员工

从运营模式观察，西贝在内部运营支撑环节，对基础设施、人员

管理、奖惩制度以及菜单研发等实施了数字革新；在核心业务操作上，对菜单管控、烹饪制作、市场拓展及顾客接待等关键领域进行了智能化改造。这不仅涉及餐饮业产品创新模式的革新，还涵盖了流程和管理理念的革新，这一革新主要是由消费者、供应商以及餐饮企业内部共同推动的。其中，消费者是关键的创新驱动因素。这种创新模式使得传统餐饮企业能够以包容的态度引入创新元素，同时提升了消费者的体验。他们根据消费者的反馈和需求变化，提供高质量、与供需相匹配的产品，打造线上线下融合的便捷服务，减少人力物力的浪费，从而提升了企业的效率。

从商业生态的链条审视，西贝在客户账户管理和合伙模式两大领域实施了数字化转型，这种转型在服务老客户方面带来了一定程度的便捷。但对于吸引新顾客而言，西贝面临的挑战在于如何满足这部分人群的特定需求，并在不同的商业形态中保持均衡发展，这成为了其外部价值链发展的关键难题。餐饮与零售结合的商业模式，不仅帮助企业推出深受欢迎的招牌产品，同时吸引新顾客参与体验。在此基础上，餐饮零售化的策略也让西贝获得了更高的品牌价值。然而，这对西贝在生产加工环节和产品质量控制方面提出了更加严苛的要求。传统餐饮公司须致力于信息化的转型以使企业管理模式根本改观，从而提升管理效率。对内对外实行信息一体化管理，是餐饮企业走向现代化的必由之路。依托现代信息技术手段，构筑互联互通的信息共享平台，构筑以总部为指挥中枢的全面管理体系，使餐饮企业能够实现标准化、系统化、细致化的管理，进而在提升管理效率的同时加快对市场动态的响应速度，确保在竞争中保持持久优势。

在生态环境构建上，西贝实施了如下战略动作：对餐饮外卖店铺采取授权制，打破了仅由直营连锁店开展外卖服务的局面。所有加入西贝体系的连锁店均能访问该品牌专有的信息系统，使用西贝的标准菜单、依托其统一的食材供应网络及中央加工设施，供应特色定制餐品，同时开展堂食与配送服务。在当下推行的融合餐饮与互联网的新型零售业态中，上游企业能通过内部信息系统迅速捕捉市场需求，实现信息的即时互动。借助企业内部通信系统，成功打破了信息隔阂，极大提高了整个产业链上下的信息流转速度，从而使得消费者的需求能够迅速反馈至食材供应商、中央厨房、研发团队等生态链条的各个环节，构建了一个以客户喜好为核心的闭环供应链，完成了从产品导向到客户导向的转变。历史悠久的品牌往往过分专注于生产而忽略了顾客所需与市场动态。现代餐饮业不仅需要售卖美食，还需综合考量市场动态与顾客需求。互联网时代，利用网络化的思考方法解决问题，成为传统企业需直面的首要挑战。西贝站在消费者的立场，创造了新颖的餐饮项目和搭配，通过线上电商平台与线下实体店铺的结合，优化了顾客的体验和忠诚度，从传统的商品销售转向了商品加服务的模式，巩固了品牌实力，并对O2O商业模式进行了开创性的尝试。

西贝的数字化升级是一个围绕价值链，员工、顾客、供应商及管理层等多个层面共同参与的创新流程。新冠肺炎疫情给餐饮领域带来了严峻考验，餐饮公司要想在这样的时候突出重围，就亟须加快步伐，灵活调整产品和市场策略，不断迭代更新，以便在波动不定的市场中稳固地位。如今，我国已有效遏制新冠肺炎疫情，餐饮行业正逐渐恢复生机，西贝的数字化改革为新冠肺炎疫情后的餐饮业成长贡献了宝贵经验。

4.5 本章小结

本章基于“价值链分析法”，以西贝餐饮集团的数字化转型为例，通过梳理分析餐饮连锁企业内外部价值链上的关键环节及数字化策略，构建数字化转型的价值链模型，探讨餐饮企业数字化转型的关键策略。研究发现，数字化转型成功需要企业对经营模式、组织活动、人员管理及业务流程等诸多方面进行重塑，需要以现有市场环境为基础，结合餐饮企业现状，有策略地实现数字化转型。在即将到来的时期，对于餐饮行业来说，把重点放在强化网络平台的经营活动上，并巧妙地调整现场就餐与外卖业务的比例，将成为其发展的关键。我国餐饮行业资本正快速流向那些连锁经营、具有统一标准和多样化的餐饮品牌，对内对外的价值链进行深化改进，推进运营流程的数字化升级；实施智能化的装备运用，并结合数字化管理的实践；实施自动化的管理模式，以简化操作流程；构筑以数字技术为基础的平台，实施具有针对性的营销方针；激励商业运作方式的创意改革；探索新型消费方式，重现传统线下购物的氛围和体验；构筑专属的流量自留地，持续打造与消费者有效沟通的桥梁；实现由单打独斗至集成生态圈竞争的转变，使上下游供应链企业联合，形成生态圈良性发展。

5

价值链位势提升制造企业数字化转型创新的案例分析

制造业被公认为是国民经济的基石，是国家的支柱、国家发展的动力和民族振兴的根基，在建设强大的社会主义现代化国家中发挥关键作用。在国际贸易中，制造业为第一产业发展提供了物质保障，为第三产业发展创造了重要条件。在全球范围内，许多国家通过大力发展制造业实现了国家经济富强。以瑞士为例，瑞士在中世纪时期是农业社会，由于地理环境较差，无法发展农业，因此国家长期处于贫困潦倒阶段。冷战后，瑞士没有了边界威胁，开始转变经济发展模式，大力发展制造业。瑞士是全球公认的制造业强国，瑞士军刀、钟表、精密机床享誉全球。Know-How（技术诀窍）是制造业中经常使用的一个词。最初，它指的是师傅们通过各种媒介传授给徒弟们的实践知识。随着时间的推移，它逐渐演变为专有技术和专业知识，主要指制造业或特定行业的专业知识。瑞士的制造业在各自领域都拥有Know-How。先进制造技术与信息技术相融合的先进制造业，是运用先进的科技与管理的经济活动。这类制造行业促使生产朝专业化与价值链高端方向发展，企业管理向优质化与高效化提升，并强化了公益性与基础性服务的建设，具备高科技含量、高人力资本投入、高附加值的特点。参照国际上对知识密集型、高级生产性和高效率管理性等产业的共性标准和特性进行分类，确保与全球先进制造业的分类标准具有可比性。重工企业作为制造业中的关键组成部分，在制造业的转型与升级过程中扮演举足轻重的角色。随着数字经济的兴起，重工企业迎来了新的春天，巧妙地利用数字技术，重工企业能实现一场深刻的变革，并且抓住巨大的发展机遇。借助数字技术的恰当应用，企业可以实现管理层面的提升、预见的精准性与决策的科学性。因此，在企业的长远规划中，应当给予数字技术足够的关注，通过不断的模式创新与机制优化，来应对时代发展的挑战，并迎合客户日益增长的需要。

通过政策的实施，“互联网+”的概念已深入各行各业。大数据、云计算和物联网等强大的数字技术正在迅速改变企业的运营实践和整体商业生态系统。这种转变正在催生创新方法，涵盖供应、服务、营销和盈利能力，为探索新的商业模式铺平道路。一系列创新举措正在为商业帝国奠定新基础，在现代零售领域创造独特价值并实现多维盈利。同时，新兴制造业将互联网的前沿技术与制造业相结合，为传统制造业的现代化和升级提供新的前景。在中国，制造业正经历快速发展，向着现代化、信息化转型迈进。

2022年，我国政府针对数字经济发展提出了具体规划，该规划明确了数字经济在推动经济增长方面的潜力，并将其视为继农业经济与工业经济之后的主要经济形态。2023年7月，在北京举办的世界数字经济大会发布的数据显示，中国的数字经济总规模已达到50.2万亿元人民币。网络零售行业连续9年占据领先地位，2021年其市场规模已高达13.1万亿元人民币。数据显示，软件产业及其相关信息服务领域所取得的营业收益总计高达10.8万亿元人民币。当前，制造业正快速向数字化转型，其中重点工业企业关键生产环节与研发设计领域的数控化水平分别达到58.6%与77%。

我国制造业公司进行数字化变革，是开启创新发展新纪元的决定性战略，同时是推动产业升级的源动力 。在数字化浪潮的背景下，重工行业面临转型升级，是当前的迫切课题之一。重工行业面临着经营成本高、盈利能力偏低的挑战。重工企业将数字化手段应用于日常生产经营管理，以此降低运营成本并提高运营效率，同时，公司采纳新型经营模式，增强了对市场风险的抵御能力。这些做法不仅具有显著的现实利益，而且具有理论探索的价值。

本章以三一重工股份有限公司（以下简称“三一重工”）为例，探讨了制造商在数字革命期间发生的变化。然后，本章构建了一个可供制造企业采用的数字价值链模型。最后，本章提出了一项数字转型策略，以帮助研究该领域的演变从而促进价值链位势提升。

5.1 三一集团概况

5.1.1 基本发展概况

1994年11月，三一集团创建了三一重工，该公司在全球建筑设备制造领域卓越出众，特别在混凝土机械生产方面居于领先地位。梁稳根先生，三一重工的创立者，在此之前已有过创业的历史。1983年，梁稳根毕业于中南大学材料专业，此后他被分配至当地一家军工企业开启其职业生涯。1986年，梁稳根、唐修国、毛国忠共同投资6万元人民币，创立了名为涟源茂唐焊接材料厂的企业。于同年9月份，他们获得了首次薪酬，金额为8 000元整。在接下来的数年内，涟源茂唐焊接材料厂经历了迅猛扩张，一跃成为娄底市域内最大的私营公司。为了推动企业的发展，梁稳根与向文波一同开展了市场调查活动。在对中国基础设施建设的巨大潜力进行分析之后，梁稳根选择转向重型制造业领域。1989年涟源茂唐焊接材料厂年收入超过千万元，三一重工的战略转变取得显著成效。1991年涟源茂唐焊接材料厂更名为湖南三一集团有限公司。三一集团以一流的制造业为基础，构筑了卓越的企业绩效，并凭借杰出的专业人才队伍，确保了其行业领导地位。1993年，三一集团实现了产值超过10亿元人民币的业绩突破。与此同时，梁稳根着手开拓他的创业之路。1994年，湖南三一重工集团有限公司正式宣告成立。梁稳根对目标进行了调整，将重点布局转向了大型城市和工业区，实施了策略上的重大转变。

三一重工在起步阶段就面临非常激烈的竞争环境。1992年成立的中联重科拥有卓越的核心技术，但成立于1989年的徐工集团是中国建筑设备市场无可争议的领导者。为了与强大的竞争对手区分开来，三一重工决定将重点放在关键项目的施工实力上。1994年，三一重工成功研发出中国首款大排量、高压的混凝土泵设备。自此，国内的制品逐步取代了原本的进口产品。1998年在本土工业制造领域，三一重工实现了中国企业在长臂泵车制造上的突破，成功推出了长达37米的泵车。三一重工通过独立研发新一代工程工具，不仅加强了其市场领先地位，更彰显了中国重工业界致力于技术进步，以降低对外部进口依赖的决心与行动。三一重工，这个曾经引领民族建筑设备品牌的佼佼者，现已重塑辉煌，再次站在行业之巅。将三一重工与中国机械制造业的发展截然分割，显然是错误的。三一重工的壮大发展，无疑对整个机械制造行业带来了显著影响。2000年，三一重工经历了企业结构的变革，转变为现在的三一重工股份有限公司。同年，三一重工凭借其混凝土输送泵车在中国市场的卓越表现，确保了其在国内重型设备行业的领先地位，并促进了公司的稳定增长。三一集团依托其雄厚的市场基础和尖端的自研技术，实现了连续而稳定的业绩增长。2003年，三一重工成功在中国A股市场上市。三一重工凭借其顶尖的产品质量以及卓越的后续支持服务，快速获得了国内外市场的广泛认可。从1993年到2003年，三一重工飞速发展，在短短10年间跃居中国建筑设备行业龙头。毫无疑问，像徐工集团和中联重科这样的私营企业，在三一集团飞速崛起的阴影下黯然失色，这对传统重工行业产生了深远的影响。正因为如此，中国的重工行业取得了巨大的成就。保持这一势头，三一重工将努力进一步扩大其全球市场。

三一重工于2002年开始了其全球发展的第一阶段。从2006年开始稳步发展，三一重工在巴西、德国、印度、美国等国家建立了研发和制造基地，并取得了令人瞩目的成绩。2009年，三一重工销售收入超越了德国普茨迈斯特公司。2010年，作为三一集团三大业务之一的子公司三一重工，对外宣布了其全球化战略方案。2011年，在中国市场，三一重工售卖的挖掘机数量超过了其他国际竞争对手的总和。同年，三一重工以总市值215.84亿美元，荣获《金融时报》评选的全球500强企业。2012年，中国三一重工集团完成了对德国知名混凝土设备生产商普茨迈斯特的收购，此举不仅强化了三一重工在全球工业领域的领先地位，也进一步确立了其作为中国工业标志及“中国制造”标杆的国际形象。在同一年，中国三一重工集团与奥地利知名的随车起重机生产商帕尔菲格合作，共同组建了一家合资公司。三一重工在全球化的浪潮中，不但获得了可观的经济收益，其影响力也得以在全球范围内扩散。2010年，中国三一重工在迪拜哈利法塔，超越了普茨迈斯特保持的606米混凝土泵送高度，紧接着在上海中心大厦实现了620米的混凝土泵送高度的壮举。三一重工荣膺全球混凝土泵领域顶尖供应商之誉，实至名归。2006年，三一重工参与了迪拜塔建筑项目，协助浇筑了其基础底板。除了新加坡的标志性摩天轮之外，他们亦参与建造了伦敦奥运会的体育场馆以及巴西世界杯的比赛场地。俄罗斯媒体Sayan报道，三一重工通过参与新西伯利亚水电站等国际知名项目，已成为建筑行业的世界领导者。在梁稳根的领导下，三一重工将自主技术创新视为企业发展的重中之重，从而使得中国建筑设备品牌在全球范围内获得了广泛的认可和赞誉。三一重工每年将营业收入的5%至7%投入到研究与开发领域。依靠技术创新，三一重工在长臂泵领域实现了显著的进步；该企业成功生产了三种不同型号的泵，分别为66米、72米和86米规格，并曾三次刷新全球最高泵制造纪录。从最初的液压平地机到三阶段混凝土泵，再到无泡氢气沙箱车，三一重工还研发出最大3 600吨的履带式起重机和领先的移动成套设备，如A8砂浆大师。该公司在先进机械研发上取得了巨大进步，这些进展显著地推动了中国在全球工业领域占据主导地位。三一重工在研发领域获得了众多专利、发明以及突破性的科学成就，充分展示了该公司对研究与开发的极大热情和投入。

凭借其内在的发明竞争力，三一重工已享誉全球。三一重工对售后服务的高度重视是其另一优势。三一重工于2023年5月启动回购计划。该计划于2023年8月24日启动，共回购6 447万股，预算为8.18亿元人民币。员工持股计划获得了这笔资金的70%，而股权激励获得了30%。不仅著名的经纪公司称赞三一重工的回购计划，而且回购的数量也表明了企业的信心和诚实。自三一重工的主要竞争对手徐工集团和中联重科也试图在中国重工领域取得领先以来，三一重工的扩张一直面临激烈的竞争。经过对多家国内外潜在战略投资者的慎重考虑，徐工集团最终选择了与凯雷集团合作。2005年10月，徐工集团与凯雷集团达成协议，凯雷集团增资44亿元人民币，收购徐工集团85%的股份。三一集团董事长向文波立即展开反击，在40多篇文章中批评了合并方案。他主要强调保护民族品牌，并指出徐工集团没有给予应有的重视。社会关注的焦点转向了这场舆论冲突。公众的强烈抗议导致徐工集团推迟了并购计划。2006年至2007年，徐工集团和凯雷集团试图重新谈判交易，但两次都未成功。2008年7月23日，徐工集团和凯雷集团宣布结束为期五年的重组进程，结束合作关系。由于重组失败，双方投入了大量精力在舆论战中纠缠不休。此外，徐工集团与中联重科的竞争也愈演愈烈。

湖南省两大重型设备制造商分别是中联重科和三一重工。但中联重科在与三一重工的竞争中从未占得先机。2008年至2012年，中联重科对三一重工发起了以收购为驱动的反攻。中联重科集团在扩展其业务范围的过程中，逐步完成了对华泰重工、意大利CIFA、湖南汽车教具厂以及陕西黄河工程机械集团的并购行为。三一重工正遭遇竞争对手带来的显著压力。梁稳根将公司的指挥中枢从长沙转移到北京，这一举措是为了减少与同区域竞争者的直接交锋。2012年11月21日，梁稳根在内部早餐会上公布，三一集团总部及其关键业务部门即将搬迁至北京昌平区。三一集团拟实施总部迁移策略，目标指向北京，旨在加速其向国际知名跨国公司的转变过程。三一集团对于加速在全球市场的布局充满信心，故有意将公司指挥中枢迁移至北京。

5.1.2 三一重工经营状况

三一重工致力于建筑机械领域，涉及该机械的设计开发、制造、市场推广及后续服务。公司向市场推出的系列产品涵盖了混凝土预制、土方作业、重物吊运、桩基施工以及道路铺设等多个施工领域所需的机械设备。这家在全球享有盛誉的公司专注于混凝土设备的生产，其主线产品包括挖掘机、旋挖钻机、大吨位起重机以及筑路机械等。在我国市场领域，此类商品位居领先地位。三一重工长期以来与多家零部件供货商保持合作关系，这些供货商主要分布在不同地区。在企业进行配件购置的过程中，合同签订阶段已明确商品的定价机制，此举有助于公司在后续的物资获取中保持竞争力。直接销售与经过中间商的销售，构成了企业产品输出的两大路径。与通过经销商进行的销售模式——即公司向第三方售卖产品，并由其转卖给最终用户——相对的是直销，此方式直接将商品提供给最终消费者。

梁稳根于1994年11月在北京创办了三一重工。自2003年7月3日起，三一重工在上海证券交易所的交易代码定为600031。2019年8月29日晚间，三一重工公布了该公司上半年财务报告。三一国际的销售部门实现了高达70.26亿元人民币的销售额，这一数字在报告期内为公司总共433.86亿元人民币的营业收入作出了重要贡献。对于上市公司而言，股东们拥有分配67.48亿元人民币净利润的权益。在工程机械行业中，三一重工相较于其主要竞争者徐工集团和中联重科，显示出更强的盈利能力和更高的收入水平。三一重工业的盈利能力达到中联重科的两倍之高，甚至超越了徐工集团与中联重科净利润之和。普遍观点认为，三一重工作为首个私营重型工业品牌，具有里程碑的意义。

2020年全年，企业的营业收入达1 061.13亿元人民币，相较于前一年，实现了6.82%的涨幅。上市公司之股东权益净利润同比下降22.04%，缩水至120.33亿元人民币。至2021年年末，企业的现金流状况呈现出11.29%的下滑，降至119.04亿美元。公司的资产总额达到1 385.57亿元人民币，其中636.91亿元人民币是归属于上市公司所有者的资产。2021年度，三一重工所售卖的挖掘设备，为其带来417.5亿元的营业收入，相较于上一年，此数值增长了11.25%。在我国，该企业已连续11年占据销售领域的领先地位，同时在挖掘机行业中占据显著的市场份额。在两年时间内，销售量突破10万台大关，使其在业界广为人知。混凝土机械的销售收益为266.74亿元人民币，与去年相比变化不大，这进一步确立了其在全球领先品牌中的位置。218.59亿元人民币的收入来自起重机设备的销售，此部分较前期增长了12.62%。汽车起重机在市场中的份额显著增加，已达到31%以上。在中国市场，大中型履带式起重机的份额实现了显著提升，占比超过40%，占据行业主导地位。公路设施销售收益为27亿元人民币，同比减少了3.51%。在中国，摊铺机市场占据最大份额，超过了30%。

在三一集团的扩展过程中，研发职能扮演了不可或缺的角色。三一集团指出，对研发领域的资金注入，实质上是对未来发展的投资行为。三一集团采取了同时聚焦于增加收益、积累资源以及开展研究开发的策略三角形，以此构筑其创新驱动的发展蓝图。企业每年将大约1/5的营业收益投入到研究与开发领域。借助该笔资金，三一集团成功构建了集研发与创新为一体的系统架构。该体系包括以下机构：国家级企业技术中心两个，分中心一个，此外设有3个博士后科研工作站和3个院士专家工作站，省级企业技术中心有4个，国家认可检测检验中心1个，重点实验室2个，工程技术中心4个，机械研究中心和一个工业设计中心各1个。至2021年年末，该企业已提交专利申请13 140件，其中9 124件获得批准，其在中国的工程机械领域专利申请总数中起到了重要作用。2021年，该企业将65.09亿元人民币用于研究与开发，较上一年度增长了15.17亿元人民币，增幅达到30.4%。

三一重工在建筑设备这一细分市场的地位得到加强，其全球竞争力持续增强。三一重工，作为全国知名的机械制造品牌，在混凝土机械领域居于领先地位，并且其业务实现持续增长。在挖掘工具领域，市场主导地位被若干大型企业所占据。在我国，企业若想在激烈的市场竞争中维持其前沿位置，便需要重视品牌的塑造，不断拓展经营规模，强化技术实力的提升，同时也要注意服务质量的改进与销售渠道的优化。在国内的起重设备领域，三一重工以其庞大的市场份额领先，与另外两家主要企业共同掌握了行业的主导地位。中国工程机械工业协会的统计数据显示，2021年我国对外出口了68 427台挖掘机械设备。在全球范围内，中国对挖掘机的销售贡献达到了20%，与2020年相比，这一数字实现了97%的快速增长。三一重工的挖掘机在海外市场的销售实现了112%的同比增长。这一增速表明了其在国际舞台上的强劲表现。

自20世纪90年代起，在梁稳根的领导下，三一重工这一私营企业持续迅猛扩张，不断推动着独立发展及技术革新。这一切成就了三一重工如今的辉煌：三一重工，作为一家登陆资本市场的实体，实现了年销售收入高达800亿元人民币的业绩。三一集团跻身全球企业排行榜前500强之列。在梁稳根的带动下，我国工程机械产业在全球市场上竞争力显著增强，成功击破了外国品牌在中国市场的独占局面。三一集团凭借其创始人的创业精神和坚定不移的决心，历经逾20载风雨变迁，现已崛起为中国工程机械领域的佼佼者，铸就了民族品牌的自豪形象。

5.2 三一重工数字化转型

数字化转型是三一重工突破传统制造业发展模式，围绕行业特性，借助数字化的技术来解决业务的痛点，创造辉煌的重要途径。三一重工的十八号工厂是三一重工数字化转型代表，被称为最聪明的工厂，让机器去思考，通过机器做决策。历时仅420天，依托树根互联工业互联网平台的数智化改造，十八号工厂已成为首个工程机械制造业达产的“灯塔工厂”。作为世界领先的制造工厂之一，玛莎拉蒂十八号工厂被世界经济论坛列入2022年“灯塔工厂”更新名单。

在十八号工厂，由630个摄像头所构建的庞大矩阵会全天候对整个厂区所出现的突发情况进行自动抓拍，抓拍完成后上传到施工运营平台，通过飞书来进行信息整合并提示。现在，十八号工厂上层数据能被有机承接，责任岗位能被精确通知，工厂内的生产实况与云端资源得以通过协同工具的开放性充分耦合。新兴的数字基建为整个制造流程的安全可控提供了零时差的信息保障。对第四次工业革命的迎合，让三一重工得以借此机会将数字化赋能的根系触碰到组织协同的真正主体。现如今，5万余名三一重工员工都依托于飞书来完成自己的工作，每天4 000个视频会议，70多万条消息，全年近130多万个共创文档。而这座灯塔的星星之火，终将聚焦为引领整个行业前行的璀璨明灯。三一重工数字化转型背后的4个在线化值得所有制造企业学习和借鉴。

5.2.1 营销在线化

营销在线化是三一重工数字化转型中4个在线化的重中之重。三一重工的直播和短视频营销堪称行业标杆。公司鼓励全员参与，采用公域私域组合拳模式，在拼多多、百度、抖音、快手等多个平台亮相，私域板块则通过官方小程序进行直播，高频率且主题丰富，不局限于直播带货，还有参观工厂、展会、订货会，短视频营销是最直观的种草方式。三一重工在多个平台都有官方账号，覆盖更多客源，根据产品线布局矩阵，加大传播力度，结合产品拍摄温馨日常，吸引用户发起话题互动，增加品牌曝光，预热种草新产品。

5.2.2 客户在线化对接

三一重工是一家工程机械设备制造商，最初也和大多数制造型企业一样，把重点放在产品制造上，全力研发和生产出更多能满足客户要求的产品。当售出的设备发生故障时，售后人员都是到现场才能判断出设备到底哪里出了问题，然后再完成下订单、订购配件、解决设备故障等操作，售后成本大大增加。

由于三一重工的产品都是工程设备，所以一旦发生故障，整个工地的工作会因此停下来，如果反复几次修不好，客户的损失有可能会高达几十万到数百万。于是三一重工设立了工业互联网 BCC 企业控制中心，并在每台设备上安装了定位装置，在关键部件上安装了传感装置，这样一来，在公司的控制中心就可以通过设备运行与维护系统，实时监测设备运行状况。因此在工程师上门服务之前，就已经了解确切的问题，准备并带上需要替换的配件，一次性把故障解决，大大减少了客户因为设备故障而导致的工程停工损失。由于控制中心掌握了客户设备的运行情况，所以三一重工开始结合设备运行系统维护、周期保养以及设备运行情况，指导客户主动检修保养，这样不但在维保期内可以减少客户由于保养不当，导致三一重工的售后配件成本支出增加，更能够在维保期之外通过主动提醒客户设备存在的故障隐患，而带来市场的主动销售机会。

不单是售后配件的销售，还有新设备的销售，最终把售后服务从成本支出变成新的业务增长点。研发部门也成为了这种模式的受益者。根据设备的使用和维修数据，研发部门不但在产品的优化迭代效率上大大提高了，而且在产品优化的时候能够根据对所有客户运行数据的分析，优先配置研发资源去升级那些能够最显著帮助客户提升工程效率的产品功能。

5.2.3 组织在线化

在当前充满活力的商业环境中，企业的持续竞争力依赖于数字化转换的过程。三一重工作为中国工程机械行业的领军企业深刻认识到组织在线化是实现数字化转型的必要举措。一方面组织在线化有助于打造更加敏捷高效的运营模式。通过建立完善的在线管理平台，三一重工能够实现跨部门的信息共享和高效协作，大幅提升决策效率和响应速度。同时，员工也能够随时随地参与工作，增强企业的灵活性和适应性。另一方面组织在线化还促进了企业与客户、供应商之间的紧密连接。三一重工可以利用在线渠道加强与外部利益相关方的互动，及时了解市场需求，优化产品和服务。这不仅提升了客户体验，也有助于建立更加稳固的产业链协同。

5.2.4 供应链在线化

供应链在线化是三一重工数字化转型的重要一环。通过建立智能化的供应链平台，三一重工实现了供应商管理、采购、仓储等环节的全流程在线化，提高了供应链的运转效率。在采购环节，三一重工通过大数据分析，对供应商进行精确评估，从而选择最佳供应商；在仓储环节，则应用物联网技术对库存状况进行实时监控，减少库存积压。同时，三一还积极搭建供应商协同平台，促进上下游企业的紧密协作。这些数字化举措不仅提升了三一重工的供应链管理水平，也为企业带来了显著的经济效益。优化后的供应链运营，有效控制了采购成本和库存成本，缩短了供货周期，大幅提高了响应速度。可以预见，在未来的发展中，三一重工将继续深化供应链在线化改革，为企业的整体数字化转型注入新动能。

企业的根本在于创造价值，借助供应能迎合消费者需求的产品和服务，进而形成客户价值与企业收益。在哈佛商学院教授迈克尔·波特的理论中，企业的价值链是由基础活动和辅助活动这两大类价值创造过程所组成的。主要业务活动涵盖了产品创新、市场推广、交易促成、顾客支持以及结果反馈；辅助活动则包括提供必要的资源、人员和内部任务，以启动主体活动，如资本、科技支持和人员配备，这两者涉及的关键分类及具体含义详见表5-1：

表5-1　基本活动和辅助活动的分类及定义

所属价值活动	类别	定义说明
辅助活动	企业基础制度	企业基础管理与运作制度
	人力资源管理	包括涉及所有类型人员的招聘、雇用、培训、开发和报酬等各项活动
	研究与开发	价值活动中的技术主要包括技术诀窍、程序，以及工艺设备中的技术
	采购与物料管理	购买用于投入企业价值链物品的各种活动，包括企业生产原料的采购以及与支持性活动相关的购买行为
基本活动	进料后勤	接收、存储和分配活动
	生产作业	将生产投入转化为最终产品的各种活动
	发货后勤	集中、存储以及将产品发给买方的各种活动
	销售	提供买方购买方式以及引导他们购买的各种活动
	服务	提供服务以增加或保持产品价值的各种活动

5.3　三一重工外部价值链分析

基于制造业的运营模式和波特的价值链分析框架，本研究构建了以下制造业价值链核心组成部分（如图5-1所示）：

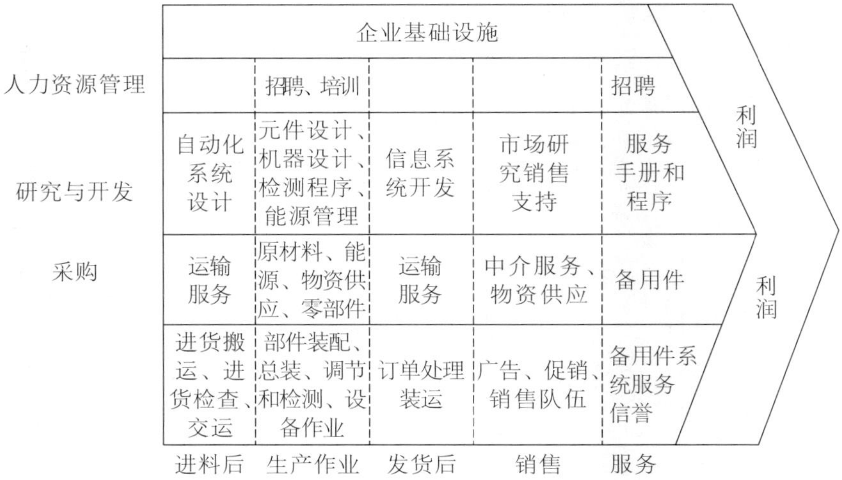

图5-1　制造业基本价值链要素

价值链中许多阻碍竞争力的环节也为组织创造价值。成功管理价值链中的关键环节，对于组织通过降低成本或增加附加值以保持市场竞争力至关重要。企业要想在市场上获得优势并抓住商机，有两种重要策略：工业部门的数字化转型和“服务化”。数字技术在制造业企业得以重用，制造业企业通过远程监控技术，实现对客户的“主动服务”。

三一重工在面临国内外同行业竞争压力之时，决定进行自我变革，恰巧赶上了数字经济时代潮流。在数字化转型初期，三一重工通过跨越信息边界，实现了服务效率的提高。在原先服务模式下，三一重工需要收到客户服务需求以后，派遣工程师进行现场检测预估，然后定制各种零配件，再次回到现场进行维修服务，导致信息滞后，服务滞后。三一重工通过数字化转型，开始进行OA（在线办公）与CRM（客户关系管理）系统等信息化建设。通过对信息边界的跨越，三一重工实现了对客户设备实时监控，能够迅速捕捉到故障设备，并派遣工程师进行维修，大大提高了效率。

市场上产品的销售和制造数据对企业来说非常重要。通过分析收集的设备运行时间数据，企业可以跟踪数字化转型后市场对设备的需求变化。这使他们能够及时调整生产节奏，优化产品设计，并制定新的营销策略。三一重工成功运用数字化预测市场需求变化。三一重工将控制器嵌入所有的出厂设备中，监测所有出厂工作的挖掘机实时位置、油耗、土方数据等，公司数据中心通过对无数条数据进行系统分析，得出当前挖掘机市场指数。这些数据上报到政府部门，由于重工产品设计众多，政府部门可以根据该数据分析宏观经济状况。

5.4 三一重工数字化转型关键策略

三一重工在整合其价值链时，以大数据、云计算等尖端技术为基础，进行数据的全面搜集与深度融合。借助OA（在线办公）与CRM（客户关系管理）系统，积累了大量用户信息和消费信息，大幅度提高了各方面效率，为营销的数字化转型奠定了根基；在商品流通领域，通过打造涵盖全部流程的智慧供应链体系，实现了对生产进程中仓储和物流等信息的整合与互通。

观察三一重工的运营模式，其在内部运营支撑环节，对基础设施、人员管理、奖惩制度以及产品研发等方面实施了数字革新；在核心业务操作上，亦对产品研发、信息收集、市场预测及售后服务等关键领域进行了智能化改造。这不仅涉及企业产品创新模式的革新，还涵盖了流程和管理理念的革新，这一革新主要是由三一重工、用户以及市场共同推动的。其中，市场竞争是关键的创新驱动因素。这种创新模式使得传统制造业能够以包容的态度引入创新元素。由于他们能够对市场需求和需求变化作出快速反应，提供无缝融合线上和线下的便捷服务，并努力减少资源和劳动力浪费，因此他们的高质量产品能够与需求保持同步，从而提高了生产效率。

三一重工的数字化升级是一个围绕价值链，涉及企业、用户、市场等多个层面参与的创新流程。传统制造业要想突出重围，就亟须加速步伐、灵活调整产品和市场策略，不断迭代更新，以便在波动不定的市场中稳固地位。

5.5 本章小结

本章采用“价值链分析”方法，研究了三一重工集团的数字化转型。通过分析制造企业的内部和外部价值链的关键组成部分及其数字化战略，探讨了制造业企业的数字化转型的基本战略。此外，本章构建了一个专门用于数字化转型的价值链模型。通过本章研究得出的结论是，为了实现成功的数字化转型，企业必须从根本上重组其商业模式、组织活动、人员管理和业务流程的各个要素。此外，企业还必须考虑当前的市场环境和制造企业的现有条件，战略性地实施数字化转型。对内外价值链进行深化改进，推进运营流程的数字化升级；实施智能化的装备运用，并结合数字化管理的实践；实施自动化的管理模式，以简化烦琐的操作流程；构筑以数字技术为基础的平台，实施具有针对性的营销方针。激励商业运作方式的创意改革；探索新型消费方式，重现传统线下购物的氛围和体验。构筑专属的流量自留地，持续打造与消费者有效沟通的桥梁。实现由单打独斗至集成生态圈竞争的转变，使上下游供应链等企业联合，形成生态圈良性发展。

6

价值链视角下企业数字化转型创新的政策建议

企业数字化转型创新是价值链位势攀升的驱动因素和重要引擎，通过企业内外部价值链重塑、赋能企业资源编排、自主研发驱动技术创新及人力资本结构调整等多维度，帮助企业识别市场新需求，创新资源撬动方式，提高资源重组能力。面对国际经济带来的新机遇、新挑战，企业需要定位自身竞争优势，明确数字化转型路径，以产业发展战略为先导，基于创新构想设计数字化转型路径。基于此，本书提出如下政策建议：

第一，优化内外部价值链，实现企业数字化运营。数字化转型是企业进化的过程，是对企业的一次重塑。首先，从内部价值链的优化来看，企业应当关注各个环节的数字化改造。通过引入先进的数字化工具和技术，如自动化生产线、智能仓储系统、数据分析平台等，提升生产、物流、销售等各个环节的效率和准确性。同时，加强内部各部门的沟通与协作，打破信息孤岛，实现数据的共享和高效利用。在外部价值链方面，企业应当积极与上下游合作伙伴建立紧密的合作关系，共同推进数字化转型。通过与供应商、分销商等合作伙伴的信息共享和协同作业，实现供应链的数字化管理，降低库存成本，提高响应速度。同时，利用大数据分析预测市场需求，指导供应链决策，确保产品能够准确满足市场需求。此外，企业还应当关注由用户所主导的变化。随着消费者需求和市场环境的不断变化，企业需要不断调整产品策略和服务模式，以满足消费者的需求。通过互联网和大数据技术，企业可以实时收集和分析消费者数据，了解消费者的偏好和行为，为产品研发、市场营销和客户服务提供有力支持。

以西贝餐饮集团为例，运用价值链分析法对其数字化转型进行深入研究，剖析餐饮连锁企业价值链的关键环节及数字化转型的策略选择，建立适用于餐饮行业的数字化转型价值链模型，从而揭示餐饮企业成功实现数字化转型的关键路径。研究结果显示，我国餐饮行业持续经历深度调整，众多从业者在经营活动中不断尝试探索，采用网络数字营销手段推动企业的变革。企业的转型升级要想获得成功，必须对商业模式、组织行为、员工管理以及工作流程等多个关键领域进行彻底改造。在餐饮行业里，因其固有的历史悠久和多变特性，谋求改变的商家将会遭遇众多考验。餐饮行业需依托当前市场状况，根据企业实际，巧妙地推进数字化改革。在未来，对于餐饮行业来说，注重网络平台的经营活动，巧妙地调整餐厅就餐与外卖送餐的业务比重，将成为企业成长的关键环节。面对不确定性的挑战，我国的餐饮行业资本正快速流向连锁加盟、统一规范、类型丰富的餐企品牌矩阵。

以西贝餐饮集团为例，该企业通过界定新的餐饮产品和组合，利用在线电子商务平台和离线实体店提高用户体验和消费者黏性，实现了从“产品”的销售到“产品+服务”的销售转变。这种O2O创新的商业模式不仅提高了品牌的知名度和影响力，也为企业带来了更多的商业机会和利润增长点。优化内外部价值链并实现数字化运营是企业提升竞争力、满足市场需求、增强消费者体验的重要途径。企业需要积极推进数字化转型，加强内外部价值链的协同和整合，不断创新产品和服务模式，以赢得市场竞争和消费者的信任。

第二，提高企业智能化水平，实现高标准自主化管理。当下是数字经济时代，网络成为获取信息、传递信息、共享信息、交换信息的工具。为了应对这些变化，企业采用智能化装备和实行标准化管理显得尤为重要。智能化装备是实现数字化转型的基础之一，通过引入先进的智能化设备，企业可以大幅提高生产效率和产品质量，同时降低生产成本和人为错误。智能化装备能够实现自动化、精确化和柔性化生产，帮助企业快速响应市场变化，满足消费者个性化需求。例如在餐饮行业，智能化装备的应用日益广泛，通过引入智能点餐系统、自动化烹饪设备、智能洗碗机等，可以提高前厅和后厨的工作效率，减少人工操作，提升服务质量和顾客满意度。

标准化管理是企业实现数字化转型的重要保障。通过建立一套完善的管理制度和标准，企业可以规范生产流程、提高产品质量、降低生产成本，并确保企业运营的稳定性和可持续性。例如在餐饮行业中，制定统一的食材采购标准、食品加工标准、服务标准等，确保菜品口味和服务质量的一致性；建立食品安全管理制度，确保食品安全；通过引入先进的ERP系统、CRM系统等，实现对企业资源的优化配置和客户关系的高效管理。

为支持智能化装备上马和标准化管理的实施，企业需要搭建数字化基础。这包括建立自有数据管理系统，实现内外部网络的互联互通，引入大数据、云计算等数字化技术工具。通过搭建数字化基础，企业可以实现对数据的实时采集、处理和分析，并将信息及时精准地传递给人员和设备，从而提高生产效率和产品质量。在餐饮行业，企业可以通过将云计算、监控系统、手机应用与智能管理系统结合，实现前厅和后厨的实时监控和移动化管理，不仅可以提高工作效率，还可以降低管理成本，提升顾客满意度。

在基础设施购入时，企业需要根据自身的发展需求和战略目标来选择合适的数字化服务商或自研技术。如果企业更注重快速实现数字化转型，可以选择与现有数字化服务商合作；如果企业具备强大的技术研发能力，可以选择自研技术。

在选择数字化服务商或自研技术时，企业需要从数据安全性、系统稳定性、长期适配性等多个角度进行综合考虑。同时，企业还需要评估投入成本和预期收益，确保数字化转型的ROI符合预期。通过搭建数字化基础、选择合适的数字化服务商或自研技术，企业可以优化作业流程、提高生产效率、降低生产成本，并提升顾客满意度和市场竞争力。

第三，基于价值链位势，提高自主创新能力，促进企业数字化转型。要支持企业积极融入创新网络，参与创新资源配置，主动寻求与先进企业和研发机构的合作，共同开展研发项目，共享技术成果，以此提升自主创新能力。开展跨地区跨行业的协同创新，与不同地区、不同行业的企业、高校和科研机构建立合作关系，共同攻克技术难题，推动创新成果的产业化。企业可通过大量投入研发，确保有足够的资金支持创新活动，优化研发流程，提高研发效率，确保创新成果的质量和效益，充分利用新一代信息技术革命的成果，推动企业的各个环节的数字信息化、智能化升级，提升企业生产效率，提高获取信息和抵御风险的能力，进而更好地满足不断变化的市场需求。同时，还应注意加强知识产权保护，确保创新成果的安全。

本书通过对三一重工集团数字化转型的深入研究，运用价值链分析方法，建立了适用于制造业的数字化转型价值链模型。该模型通过分析价值链的关键环节和数字化转型的战略选择，揭示了制造企业成功实现数字化转型的关键路径。研究结果显示，我国制造行业持续经历深度调整，众多从业者在经营活动中不断尝试探索，采用网络数字营销手段推动企业的变革与提升。企业的转型升级要想获得成功，必须对商业模式、组织行为、员工管理以及工作流程等多个关键领域进行彻底改造。制造业需依托当前市场状况，按照企业实际，巧妙地推进数字化改革。

探究制造行业的价值链后，可以看出产品、产业链环节、服务是推动制造业企业数字化转型的三大支柱。在产品打造环节，利用互联网收集的消费数据及客户反馈，回溯至产品研发环节，为产品的改进和全新产品的开发提供数据支撑，这就是所谓的数字化产品；在产业末梢，借助自主知识产权的硬软件一体化解决方案，实现从原料选购到成品加工，再到产品营销、物流运送，直至终端消费的全面贯通，确保供需两端的高效匹配；在服务端，数字化能力不可或缺，它是支撑产品定位、产品维修、品牌推广等精细化管理的关键，同时，数字化也促进了不同空间、多个平台之间的无缝连接，从而更好地迎合了消费者多样、专属、个性化的全新需求。

在提高企业的自主创新能力的过程中，还应注重整合企业内部和外部资源，包括人力、物力、财力等，形成创新合力。首先，人力资源的整合是企业自主创新的核心。企业应积极引进和培养具备创新思维和专业技能的人才，同时构建良好的内部激励机制，激发员工的创新热情。通过团队协作和知识共享，不同领域的专家可以共同攻克技术难题，推动创新成果的产生。其次，物力资源的整合同样重要。企业应充分利用现有的生产设备和研发设施，提高资源利用效率。同时，通过引入先进的生产设备和技术，不断提升产品质量和生产效率，为自主创新提供坚实的物质基础。在财力资源方面，企业应合理分配研发资金，确保创新项目的顺利进行。通过优化投资结构，企业可以将更多的资金投入到具有市场前景和竞争力的创新项目中，从而提高创新成果的转化率和市场占有率。通过有效整合人力、物力、财力等资源，企业可以形成创新合力，更好地应对市场变化，提高自主创新能力和市场竞争力。

第四，加大数字人才培育力度，推进数字技术与制造业融合创新。当前数字经济已经成为新一轮经济发展的引擎，本书研究发现，数字经济对制造业发展有着显著的促进作用。数字经济背景下的数字化和智能化技术作为引领新一轮科技革命和产业变革的关键技术，一方面其具有的创造性破坏特征可能会导致数据要素和现代化智能机器对传统劳动力的替代，导致劳动力市场出现周期性失业以及收入差距的扩大。因此，我国需要建立政府-学校-企业多方协同的数字技能培训机制，强化国内相关的数字知识的基础和通识教育，提升学生和劳动人口的数字素养，鼓励国内制造业企业根据其技术特征进行数字人力资本培训，有效提升数字经济背景下企业人才需求和人才数字技能的适应水平。另一方面，作为数字经济核心的数字技术的发展需要研发创新活动的支持和推动。这需要注重培养专业化的人才，为数字技术创新贡献力量。首先，我国应注重对高校相关数字基础学科的建设和培育，针对当前各产业数字化发展需要，把握行业需求特征，完善相关培养方案；其次，积极推动数字技术与传统学科的融合，建设数字化交叉学科，培育相关领域研究和应用型人才。

此外，我国应进一步推动产学研结合，加大对数字技术开发和数字人才培养的财政支出力度，改进相关的绩效评价机制，提高数字技术创新和人才培养效率，积极推进数据、技术和人才在区域、部门间和部门内的沟通、交流与合作，推进国内先进制造业企业和数字企业的合作，进一步拓展数字技术在制造业的应用场景与范围，推进对受限制产业和技术的攻关，积极参与数字经济相关产业和领域的国际交流与协作。

第五，提高企业开放程度，深入参与价值链网络。打造数字化平台，通过对大数据的深度挖掘，为企业提供更为准确的信息，提升运营效率，拉近企业与市场、上下游企业、合作企业的距离。对于合作服务商，从数据交换和合作创新的角度，挖掘双方数据相互赋能的潜在价值。一方面，建立自己的网络营销平台、网络交易平台等，建立与市场和供应商的关系。以餐饮产业为例，提高产品质量和服务质量，留住消费者十分重要，顾客的体验感是留住他们的关键。利用平台整合的大众消费者数据，进行差别营销，适当采用满减活动、会员制、团购活动等措施吸引顾客，提高客流量。通过平台的数据反馈，定位消费者喜好，分析消费者流失的原因，在菜品和服务上进行调整和升级，创新菜品，满足消费者的多样化需求。供应链方面，通过交易平台，寻找稳定的上下游伙伴，实现资源的最优配置。如果是国内的连锁店，要与总部加强联系，通过库存数据和物流数据打造完美的供应链，保证各门店企业的生产运作。另一方面，对政府而言，要建立合理的制度环境。首先，建立形式多样化的竞争性市场体系以及风险投资体系，强化对技术创新体系的法律监管，为技术创新提供激励和保障；其次，推进在线和离线、制造业与服务业、科技与市场、工业与金融一体化，通过支持新业务形势的发展和安排专项资金，鼓励商业模式创新；最后，政府还应打造合理的开放环境，提高对外开放水平，发展更高层次的对外开放经济，充分发挥国内国外两种资源、两个市场的优势。提高贸易开放度或扩大自由贸易协定网络，制定支持企业与更多外国客户建立联系的有效政策，鼓励企业通过对外投资，学习其他企业的数字化平台和智能化商业模式，并结合企业自身的发展条件，取长补短、进行整改，适应全球的市场化体系和风险投资体系，从而提高价值链网络的国家-企业中心地位。

第六，打造自身的私域流量阵地，不断建立对顾客有效的链接方式。在当今数字化时代，企业的竞争已不仅仅是产品和服务的竞争，更是对顾客心智的争夺。为了在这场没有硝烟的战争中立于不败之地，打造自身的私域流量阵地，不断建立对顾客有效的链接方式，已成为企业发展的重要战略。

私域流量即企业在自己的平台上聚集的、可以反复利用的、免费触达的用户资源。这些用户不仅是对企业产品或服务有需求的潜在顾客，更是企业品牌建设的重要参与者和传播者。通过打造私域流量阵地，企业可以更好地掌控用户数据，实现精准营销，提升用户黏性，进而增强市场竞争力。建立有效的顾客链接方式，首先要深入了解顾客需求。通过数据分析、市场调研等手段，洞察顾客的购买习惯、兴趣爱好、价值观念等，从而制定出符合顾客需求的营销策略。同时，企业还需要不断创新产品和服务，满足顾客日益多样化的需求，提升顾客满意度。在数字化营销领域，社交媒体、内容营销、短视频等平台为企业提供了与顾客建立链接的多元化渠道，企业可以通过发布优质内容、举办线上线下活动、搭建用户社区等方式，吸引顾客的关注和参与。通过不断互动和沟通，加深顾客对企业的认知和信任，建立长期稳定的顾客关系。

除了线上渠道，线下门店也是企业建立顾客链接的重要阵地。通过优化门店布局、提升服务质量、打造独特的购物体验等方式，吸引顾客进店消费。同时，企业还可以利用会员制度、积分兑换等手段，增加顾客的复购率和忠诚度。在建立顾客链接的过程中，企业还需要注重数据分析和优化，通过对用户行为数据的收集和分析，了解顾客的需求变化和营销效果，及时调整营销策略和手段。同时，企业还需要建立完善的顾客服务体系，及时解决顾客的问题和反馈，提升顾客满意度和忠诚度。以餐饮行业为例，私域流量池的运营并不是一蹴而就的，需要不断通过设计营销活动唤醒和盘活用户，从转化和复购的优化中提升用户的终身价值，并且不断将私域流量进行裂变，实现更低成本的精准获客。互联网流量红利即将逐渐消失，而流量成本也将越来越贵，提前建立起品牌私域流量也将成为餐饮企业未来有力的竞争力。总之，企业需要深入了解顾客需求，创新产品和服务，利用多元化渠道与顾客建立链接，并注重数据分析和优化。只有这样，才能在激烈的市场竞争中立于不败之地，赢得更多的顾客和市场份额。并且实现由单打独斗至集成生态圈竞争的转变，使上下游供应链等企业联合，形成生态圈良性发展。生态互联让处于链条上的企业不再单打独斗，而是形成利益共同体，共同为整体的竞争力而努力。从现实发展途径来看，制造业行业的竞争逐渐发展为制造业生态链和生态圈的竞争，生态链逐渐化“博弈”为“协同”，关注各主体利益最大化的同时，更加兼顾社会价值与可持续发展。在这个过程中应注重多领域的跨界融合，与互联网企业、电商企业、科技企业的跨界融合也是取胜之道。

第七，树立数字品牌意识，加强品牌建设，提高数字化产品附加值。品牌是企业的无形资产和对外交流的形象，品牌带来的收益是巨大的。数字品牌是品牌的数字表现模式，也包括通过数字媒体进行品牌建设、维护、扩大的过程。一个强大的数字品牌不仅能够加深消费者对企业的印象，更能够为企业带来持久的竞争优势。数字品牌意识的树立是企业数字化转型的第一步，这意味着企业需要从传统的品牌观念中跳出来，将品牌的建设和管理延伸到数字媒体领域。在这个过程中，企业需要充分认识到数字媒体的特点和优势，如信息传播速度快、互动性强等，从而调整品牌传播策略，更好地与消费者进行沟通和互动。

加强品牌建设则是在数字品牌意识的基础上，进一步提升品牌的知名度和美誉度。企业需要通过多种渠道进行品牌推广，如社交媒体、搜索引擎优化、内容营销等，让更多的人了解和认可企业的品牌。同时，企业还要注重品牌形象的塑造，从标志设计、宣传语撰写到企业文化传播，都要保持一致性，以强化品牌的辨识度。提高数字化产品附加值是在品牌建设的基础上，为消费者提供更丰富、更个性化的产品和服务。在数字化时代，消费者对产品的需求已经不仅仅是功能性的满足，他们更看重产品的附加值，如使用体验、售后服务、社交价值等。因此，企业需要通过技术创新和服务升级，为产品增加更多的附加值，从而提升消费者的购买意愿和忠诚度。具体来说，企业可以利用大数据和人工智能技术，对消费者的需求进行精准分析，为他们提供定制化的产品和服务。同时，企业还可以通过开展线上活动、建立用户社区等方式，增强与消费者的互动，提升品牌的社交价值。此外，优质的售后服务也是提高产品附加值的重要手段，它能够让消费者在购买产品后依然感受到企业的关怀和支持。

因此，树立数字品牌意识、加强品牌建设以及提高数字化产品附加值是一个系统性的工程，需要企业在战略层面进行规划和实施。只有这样，企业才能在激烈的市场竞争中脱颖而出，实现可持续发展。通过不断地创新和优化，企业将能够打造出具有强大影响力的数字品牌，为消费者提供更优质的产品和服务，从而赢得市场的青睐和尊重。

第八，转变价值创造的逻辑，促进价值创造的主体多样化发展。在传统工业时期，企业主要通过不断创新产品价值，塑造自身的核心竞争力来超越竞争对手，占据市场的主导地位，进而获取高额利润。然而，在数字经济时代，企业的竞争对手变得模糊不清，而且竞争关系也不再是零和博弈。企业并不需要击败对手才能发展，反而应该寻求与竞争对手的协同发展、共同进步。因此，企业必须调整其价值创造的理念，采用共生的思维来规划发展战略。数字化生产设备、关键工序的数控化、设备联网、工业云平台应用等新型基础设施的建设，需要技术、资金和人才的全方位支持，这是单一企业或行业难以独立承担的。这也是我国当前新型基础设施支持不够成熟的一个重要原因。因此，这里的共生不仅指的是同行业企业之间的共生，更包括企业与消费者、企业与合作伙伴、不同行业企业之间，以及企业与资源之间的共生关系。只有与消费者共生，企业才能创造更多的消费者价值；只有与合作伙伴共生，才能产生更多的“合作剩余价值”；只有进行跨界合作，企业才能真正做到资源共享，降低交易成本。总的来说，企业在制定发展战略时，应该寻找那些能共同创造更多价值的合作伙伴，与之共同发展。

在传统工业时期，价值创造的主体主要是企业。但在数字经济时代，价值创造的主体呈现多元化趋势。产品和顾客的价值不是由单一企业创造的，顾客自身、原材料供应商、分销商和服务商等所有主体都可以参与到价值创造中来。那么，传统制造业在数字化转型发展中，如何协同各价值创造主体是一个难题。这一问题可以从两个方面来考虑：一方面可以从技术端入手，利用相应的数字技术搭建工业云平台，让更多的价值创造主体、更多的生产设备链接到平台上来，真正实现网络化协同创造。当前我国制造业生产设备数字化率、关键工序数控化率、工业云平台应用率、数字化生产设备联网率不高，实现网络化协同和智能制造就绪率的企业比例还很低，大部分企业的两化融合发展还处于单项覆盖阶段，处于集成提升和创新突破的企业比例还很低。这在很大程度上缘于数字技术障碍，未来企业应该更多地关注制造业与互联网融合发展中集成提升和创新突破的技术攻关。另一方面可以从顾客端着手，虽然当前我国制造业受技术和资金等各种因素的影响，但仍然有一些企业已经开展个性化定制、服务型制造和智能制造等新模式新业态，说明技术、资金等都是可以解决的，关键还是要回归顾客价值，价值流向要逆向化，要始于顾客、终于顾客，真正实现顾客价值创新，实现价值协同。

第九，稳妥推进金融机构数字化转型，强化数字金融对企业创新的服务能力。在充分考虑企业需求的基础上制定金融机构的数字化转型战略，明确数字金融的发展方向和目标，以促使金融机构更好地服务实体企业的创新和发展。同时建设监管科技体系，以适应数字金融的监管需求，推动监管科技的创新，提高监管效能，保障金融系统的稳定性。完善数字金融的信贷服务，降低实体经济进行科技创新的融资成本。政府要制定政策支持建立更为全面和精准的数字化信用评估体系，充分利用大数据和人工智能技术，更准确地评估企业的信用状况，降低创新型企业的融资风险。制定政策推动金融监管沙盒的建立，为数字金融创新提供试验场地，鼓励金融机构尝试更灵活、创新的融资模式，降低创新融资的成本。同时提高企业信息披露程度，降低投资者和金融机构的代理成本。支持建立数字化企业信用数据库，记录企业的创新历史、信用状况等信息，给金融机构和投资者建立更全面的评估依据。鼓励企业采用数字化财务报表，利用区块链等技术确保财务信息的真实性和透明度，提高投资机构和企业之间的信任度。与此同时，建设数字化企业风险管理系统，通过数据分析和智能算法，提前发现和应对企业创新过程中的潜在风险，降低投资者和金融机构的代理成本。

第十，推进门店经营的自动化和信息化建设，加快自助服务体系的构建。数字化浪潮冲击下，企业生产管理迎来了革新风暴。现代信息技术的应用，让企业员工及外界相关人员能够更加方便地融入产品设计、制造，再到优化的全流程。利用海量数据资源，企业可以精准评估自身生产实力及掌握客户真实需求，从而提升产品与服务的供需契合度。借助人机协同的决策机制，我们可以优化管理流程，实现运营预测与决策的智能化升级。依托网络技术和智能设备，缩减人工干预。供应链系统的全面升级，以及采取新型生产模式，都会起到不容小觑的作用，它们让产品的加工效率和生产手段实现了质的蜕变。数字化企业以人机协同为核心运作模式，以信息化系统产生的数据驱动“感知-分析-决策-执行”为循环机制，这一机制将制造业企业的管理、核算、决策等关键环节，尽量从依赖人工转变为自动化系统处理，有效避免了人性懒惰、人为错误和人力限制等因素引起的执行力难题。制造业企业通过这种转型，实现了精简高效运作和智能化决策。

第十一，对不同技术水平制造行业实施差异性发展政策，特别是，对于中低技术制造业，加快转化其创新产出，促进产业结构转型与升级。这一政策的核心在于认识到不同技术水平的制造行业在发展阶段、技术实力、市场竞争力等方面存在的显著差异，因此不能采取“一刀切”的发展模式，而应根据各自的特点和需求，制定和实施具有针对性的政策措施。特别地，对于中低技术制造业，需更加注重加快其创新产出的转化速度，以促进产业结构的转型与升级。中低技术制造业作为制造业的重要组成部分，其发展水平直接影响到整个制造业的竞争力和可持续发展能力，然而，由于技术水平相对较低，这些行业在市场竞争中往往处于不利地位，面临着技术落后、产品附加值低、市场竞争力弱等问题。

因此，加快中低技术制造业的创新产出转化，促进其产业结构转型与升级，就显得尤为重要。这要求政府、企业和社会各方面共同努力，通过加大研发投入、引进和培养技术人才、加强产学研合作、建立科技成果转化机制等多种措施，推动中低技术制造业的技术创新和产品升级。同时，还需要优化资源配置，引导社会资本投向中低技术制造业的关键领域和薄弱环节，为其转型升级提供有力的资金支持。

第十二，积极完善数字基础设施建设，增强政策的适用性，为制造业转型发展提供支撑。必须积极完善数字基础设施建设，这是提升数字化水平的关键一步。在这个过程中，增强政策的适用性显得尤为重要，只有正确的政策导向，才能确保数字基础设施建设的稳步推进，从而满足不同的发展需求。实现这一目标，需要搭建起一个数字基础设施一体化平台，这一平台不仅能够集成价值链上各个企业的资源优势，更能有序推进数字化的资源共享和信息流动。通过这一平台，可以更好地协调企业在数字化进程中的步伐，确保信息的及时传递与高效利用。同时，打造良性有序的市场环境和监管体系也是必不可少的。只有在公平竞争的市场环境中，企业才能充分发挥其创新潜能，推动数字化技术的不断进步。还应鼓励创新要素的跨时空传播和良性互动，在数字经济的驱动下，创新不再受地域限制，各种创新要素可以在全球范围内自由流动，相互碰撞，激发出更多的创新火花。这种跨时空的传播和互动，不仅能够加速科技成果的转化，还能逐步缩小地区间数字化发展的差距，让数字化的红利惠及更多地区和人民。

数字经济在驱动科技创新战略中起着至关重要的催化剂作用。我们应当充分利用这一优势，打造一条完整的创新链条。这意味着从基础研发到商业化应用的每一个环节，都需要精心设计和优化，特别是在技术创新与成果转化之间，需要搭建起一座坚实的桥梁，确保优秀的科技成果能够顺利转化为具有市场竞争力的产品或服务。为了实现这一目标，还需构建良性的市场机制。通过制定和实施一系列的市场规则，可以有效缓解企业间的不正当竞争和模仿行为，为科技创新提供一个公平、公正的环境。同时，我们也将探索更高效的技术成果价值实现途径，让每一项科技成果都能得到应有的回报。

此外，还应根据不同地区的实际情况，合理借力地理位置和数字经济基础的长板。例如，在东部地区，可以继续推动数字化创新进程，充分利用该地区的经济和技术优势；而在中西部地区，可以发挥数字经济对周边地区创新的空间溢出效应，带动整个区域的经济发展；对于数字经济欠发达地区，更应利用好成果转化初期阶段的特点，给予更多的政策支持和资源倾斜，助力这些地区迎头赶上。

总的来说，要基于价值链视角，探索数字化激励创新的持久性实现机制。通过综合施策、精准发力，不仅能够推动数字经济的快速发展，更能实现以数字经济为催化剂的企业协同创新目标，共同迎接一个更加繁荣、创新的未来。

本章主要探讨了价值链视角下企业数字化转型创新的政策建议。首先强调了优化内外部价值链，通过引入数字化工具和技术，提升生产、物流、销售等环节的效率和准确性，同时加强与上下游合作伙伴的紧密合作，实现供应链的数字化管理。这一策略不仅提高了企业响应市场的速度，还增强了消费者体验。其次，指出了提高企业智能化水平和标准化管理的重要性。智能化装备的应用可以大幅提升生产效率和产品质量，而标准化管理则确保了企业运营的稳定性和可持续性。企业需搭建数字化基础，引入大数据、云计算等技术工具，以实现对数据的实时采集、处理和分析，优化作业流程，降低生产成本。再次，本章还强调了基于价值链位势提高自主创新能力的重要性。企业应积极融入创新网络，参与跨地区跨行业的协同创新，通过大量投入研发，利用新一代信息技术推动企业的数字化、智能化升级，以满足不断变化的市场需求。同时，加强知识产权保护，确保创新成果的安全。最后，提到了加大数字人才培育力度，推进数字技术与制造业的融合创新。这一举措对于推动数字经济与实体经济深度融合，提升企业竞争力具有重要意义。

7

结论

在当前我国积极推进数字经济和实体经济深度融合的背景下，支持传统产业实现数字化转型升级，以抓住价值链位势攀升的机遇并实现数字化转型，已成为企业发展的关键路径。这一趋势不仅有助于企业提升竞争力，还能推动整个经济体系的创新和升级。

本书基于价值链理论、创新网络理论、技术创新理论、数字化转型理论，分析了在价值链视角下企业数字化转型创新中主要涉及的四个方面——外部知识来源的重要性、网络效应对企业绩效的作用、跨国公司和知识来源、反向和正向联系的技术溢出，并相对应地提出四个研究假设。通过案例分析，以西贝餐饮集团的数字化转型为例，梳理分析餐饮连锁企业内外部价值链上的关键环节及其数字化策略，构建数字化转型的价值链模型，探讨餐饮企业数字化转型的关键策略。研究发现，越来越多的经营者不断摸索以线上数字化营销模式实现企业的转型升级。数字化转型成功需要企业对经营模式、组织活动、人员管理以及业务流程等诸多方面进行重塑。由于餐饮业具有传统性和复杂性，企业在摸索转型过程中将面临更多的挑战。因此，需要以现有市场环境为基础，结合餐饮企业现状，有策略地实现数字化转型。未来，加强线上运营，灵活平衡堂食和外卖服务是餐饮服务企业发展的重点。为了抵抗未知风险，中国的餐饮服务业资本会加速投向连锁化、标准化和多元化的餐厅组合品牌。

深入研究餐饮价值链后，发现产品、产业链条、服务这三个支点是餐饮企业数字化变革的关键。在产品端，可以根据线上线下的消费数据和评价反哺到产品端，进而为产品优化和新品研发提供了依据，这便是数字化产品，让科技更懂消费者的心；在产业链端，通过自助化智能化的硬件和软件服务打通从采购、制作、销售、配送、消费者的全链路，让需求与供给精准对接；在服务端，更是需要数字化能力来支撑，比如，门店、外卖渠道、品牌传播等精细化运营，跨空间、跨平台等场景的连接等，以满足多元化、定制化、个性化的消费新需求，这种全面线上化的发展趋势会让连锁餐厅更加注重业务多元化，并加速培育新产品、新模式、新业态，以及不断提升个性化、多元化服务品质。

以小见大，餐饮业作为中国企业的一个缩影，对研究中国企业的数字化转型创新具有极大的借鉴意义。

从外部知识来源的重要性方面，本书验证了价值链网络中的地位对知识传播和创新具有重要的影响。从资源获取与整合的角度，在价值链中占据高位的企业通常能够获取更多的资源，包括技术、资本、市场信息和人才。这些资源为企业提供了进行知识传播和创新的基础。高位企业能够将这些资源整合到其业务中，从而推动创新和知识在整个网络中的流动。从知识溢出效应的角度，高位企业在研发、生产和营销等方面的先进做法和经验，会通过价值链网络溢出到低位企业。这种知识溢出有助于低位企业提升技术水平、管理能力和市场竞争力，同时也促进了整个网络的知识传播和创新。从合作与竞争的角度，价值链中的企业之间存在着合作与竞争的关系。高位企业通常拥有更多的合作伙伴和更广泛的合作网络，这使得它们能够更容易地获取新知识、新技术和新想法。同时，竞争也促使企业不断进行创新，以保持其市场地位和竞争优势。从技术标准与规则制定的角度，在价值链中占据主导地位的企业往往能够参与或主导技术标准和规则的制定。这些标准和规则不仅影响了企业的生产方式、产品质量和市场准入条件，还促进了整个网络中的知识共享和创新合作。从市场影响力的角度，高位企业通常拥有更大的市场影响力和品牌知名度。这使得它们能够更容易地将新知识、新技术和新产品推向市场，并吸引更多的消费者和合作伙伴。这种市场影响力也促进了知识在价值链网络中的传播和创新。

因此，价值链网络中的地位对知识传播和创新具有重要影响。为了增强企业的创新能力和市场竞争力，企业需要努力提升自身在价值链中的地位，并积极参与价值链网络中的知识传播和创新合作。

从中心性和企业绩效方面，本书的研究证实了成为价值链网络中心枢纽的重要性，即价值链“中心”参与者能够通过其在价值链网络中的直接和间接联系更好地获取关键知识。这些联系可能包括供应链、知识共享、技术创新等多个方面。成为价值链网络的中心枢纽，意味着该企业能够更广泛、更深入地参与到经济的各个方面，从而获取更多的资源和信息。从知识获取的角度，价值链“中心”参与者确实具有显著的优势，这些企业由于其在网络中的中心位置，能够更直接地接触到来自不同行业、不同企业的前沿技术和市场信息。更重要的是，它们能够通过与各地的供应商、客户、合作伙伴等建立紧密的合作关系，实现知识的共享和传递。这种知识不仅包括技术知识，还包括市场知识、管理知识等，这些都是推动企业持续创新、提升竞争力的重要资源。

进一步地，本书的研究还证实了中心性对企业绩效的积极影响。一方面，通过获取关键知识，企业能够更好地理解市场需求、把握技术趋势，从而制定出更加符合实际的发展战略。另一方面，中心枢纽的位置也为企业提供了更多的商业机会和合作可能性，有助于企业拓展市场份额、提升品牌影响力。这些因素共同作用，使得成为价值链网络中心枢纽的企业在业绩上往往表现出色。然而，我们也需要认识到，成为价值链网络中心枢纽并非易事。这需要企业具备强大的综合实力和竞争优势，包括技术创新、品牌建设、供应链管理等多个方面。同时，企业还需要不断适应经济形势的变化，积极应对各种挑战和风险。

本书的研究为我们揭示了企业在价值链网络中的中心性与企业绩

效之间的密切关系。成为价值链网络中心枢纽，不仅有助于企业获取关键知识、提升竞争力，还能够为企业带来更多的商业机会和合作可能性。因此，对于希望在市场中取得成功的企业来说，积极参与价值链网络、提升自身在网络中的中心性是一个重要的战略选择。

从跨国公司和知识来源方面，本书验证了跨国公司与当地供应商和客户建立联系，融入当地商业社区，有利于获取企业特有和相关的知识。在经济全球化的今天，跨国公司已经成为经济活动的重要组成部分，它们不仅在全球范围内开展业务，而且还在不同国家与地区与当地供应商、客户以及商业社区建立紧密的联系，这种联系不仅有利于其实现商业目的，更成为获取企业特有和相关知识的重要途径。从跨国公司与当地供应商的关系角度看，跨国公司与当地供应商之间的紧密合作，不仅有助于确保原材料和零部件的稳定供应，还能为跨国公司带来独特的知识和见解。当地供应商通常对市场动态、消费者偏好以及技术趋势有着深入的了解，通过与这些供应商建立合作关系，跨国公司可以获取到这些宝贵的信息，从而更好地适应市场需求，提高产品的竞争力。此外，当地供应商还可能拥有独特的技术或工艺，这些技术和工艺可能是跨国公司所不具备的。通过与当地供应商的合作，跨国公司可以学习到这些技术和工艺并将其应用于产品或服务中，从而提高自身的技术水平和创新能力。

从跨国公司与当地客户的关系角度来看，除了与当地供应商建立联系外，跨国公司还应积极与当地客户建立联系。这种联系不仅有助于了解客户的需求和偏好，还能为跨国公司带来较为准确的市场反馈。当地客户对于产品或服务的意见和建议，可以帮助跨国公司发现产品或服务中存在的问题，并及时进行改进。同时，通过与当地客户的交流，跨国公司还可以了解到当地市场的竞争态势和消费者趋势。这些信息对于跨国公司制定市场战略、开发新产品以及提高市场份额具有重要意义。

从融入当地商业社区的重要性的角度来看，融入当地商业社区是跨国公司获取企业特有和相关知识的重要途径。当地商业社区包括行业协会、商会、政府机构以及其他各类非政府组织，这些组织通常拥有丰富的资源和广泛的人脉关系，可以为跨国公司提供各种形式的支持和帮助。通过与这些组织建立联系，跨国公司可以获取到最新的市场动态、政策法规以及商业机会等信息，对于跨国公司制定战略决策、规避风险以及实现可持续发展具有重要意义。此外，融入当地商业社区还有助于提高跨国公司的社会声誉和品牌影响力。当跨国公司积极参与当地社区活动、支持当地公益事业时，可以赢得当地政府和民众的信任和支持，从而为其在当地的业务开展创造良好的社会环境。

因此，跨国公司与当地供应商和客户建立联系，融入当地商业社区，有利于获取企业特有和相关的知识，这些知识不仅有助于跨国公司提高自身的竞争力和创新能力，还有助于其实现可持续发展和长期成功。

在反向和正向联系的技术溢出的方面，本书验证了价值链中上游（供应商）行业对下游（买方）行业产生积极的知识溢出效应。首先，关于反向联系的技术溢出，虽然下游行业向上游行业传递的技术和知识（即反向溢出）通常不被视为直接的知识溢出路径，但这种反向联系对上游供应商而言仍然具有重要价值。下游客户的需求、技术标准和质量反馈等信息，可以激励上游供应商进行技术创新和产品升级，以满足下游市场的不断变化的需求。这种需求拉动效应间接促进了上游供应商向下游行业传递更先进的技术和知识。

本书的重点在于正向联系的技术溢出，即上游供应商向下游买方传递的知识和技术。这种正向溢出效应对下游行业具有显著的积极影响。上游供应商通过提供高质量的产品、技术支持和创新解决方案，不仅直接促进了下游行业的生产效率和产品质量提升，还为其提供了重要的知识和技术积累，推动了下游行业的创新和发展。

研究还揭示了正向价值链参与度与创新之间的正相关关系。处于上游生产中专业化的企业更倾向于走垂直一体化发展道路，即在价值链中扮演关键供应商角色的企业，更有可能通过正向链接从网络中获取并传递知识，从而促进创新。这种创新能力的提升不仅增强了企业的竞争力，还有助于推动整个产业链的升级和发展。

此外，本书还强调了从下游外国客户的知识溢出中受益的重要性。外国客户往往拥有先进的技术和管理经验，这些知识和经验对于上游供应商来说具有重要的借鉴意义。通过与外国客户的合作和交流，上游供应商可以学习到更先进的技术和管理方法，并将其应用于自身的生产和经营中，从而提升自身的竞争力和创新能力。这一研究不仅有助于我们更深入地理解价值链中的知识传递和创新机制，还为企业在价值链中寻求合作和发展提供了有益的参考。

参考文献

[1]　波特. 竞争优势［M］. 陈小悦，译.北京：华夏出版社，1997.

[2]　柴寿升，郑楠. 旅游企业数字化转型战略驱动因素及绩效影响研究：管理者数字化认知的调节作用［J］. 中国海洋大学学报（社会科学版），2023（6）：46-58.

[3]　陈冬梅，王俐珍，陈安霓. 数字化与战略管理理论：回顾、挑战与展望［J］. 管理世界，2020，36（5）：220-236；20.

[4]　陈凤兰. 生产链位置与进口企业技术创新：基于下游度视角［J］. 国际贸易问题，2021（4）：78-93.

[5]　陈国青，曾大军，卫强，等. 大数据环境下的决策范式转变与使能创新［J］. 管理世界，2020，36（2）：95-105；211.

[6]　陈国青，吴刚，顾远东，等. 管理决策情境下大数据驱动的研究和应用挑战：范式转变与研究方向［J］. 管理科学学报，2018，21（7）：1-10.

[7]　陈娟娟. 基于价值链的修理企业成本管理策略核心探究［J］. 现代营销（上旬刊），2024（3）：119-121.

[8]　陈钰鹏. 论基于价值链理论的企业成本管理模式［J］. 大众投资指南，2023（28）：164-166.

[9]　程小敏，于干千. 中国餐饮业发展“十二五”回顾与“十三五”展望

[J]. 经济与管理研究，2016，37（11）：65-74.

[10] 窦微，王莉莉. 基于内部控制体系下的企业绩效评价研究［J］. 现代商业，2020（14）：124-125.

[11] 杜纲，郭均鹏，潘敬华，等. 企业集团内部绩效评价的综合分析模型［J］. 天津大学学报（社会科学版），1999（2）：114-117.

[12] 敦帅，陈强. 分享经济企业商业模式创新：机理与路径研究［J］. 中国科技论坛，2019（3）：92-97.

[13] 冯丽霞，欧阳菁. 发电企业绩效评价指标体系探讨［J］. 商业会计，2010（6）：47-48.

[14] 盖文启，王缉慈. 论区域创新网络对我国高新技术中小企业发展的作用［J］. 中国软科学，1999（9）：102-106.

[15] 高静，韩德超，刘国光. 全球价值链嵌入下中国企业出口质量的升级［J］. 世界经济研究，2019（2）：74-84；136-137.

[16] 高翔，黄建忠，袁凯华. 价值链嵌入位置与出口国内增加值率［J］. 数量经济技术经济研究，2019，36（6）：41-61.

[17] 龚星宇，余进韬. 企业数字化转型如何影响劳动收入份额？［J］. 现代经济探讨，2023（5）：24-35.

[18] 谷方杰，沙秀娟，张文锋. 国内价值链对接全球价值链：中国省域出口增加值获取路径分析［J］. 中国软科学，2022（3）：164-172；182.

[19] 韩丽华，魏明珠. 大数据环境下信息资源管理模式创新研究［J］. 情报科学，2019，37（8）：158-162.

[20] 黄乐. 新零售背景下连锁餐饮企业如何转型与发展［J］. 管理观察，2019（23）：35-41.

[21] 黄永胜，胡建玲. 我国高端餐饮企业转型发展路径探究［J］. 商业经济研究，2015（18）：22-24.

[22] 姜煜. 全球价值链视角下中国制造业升级路径研究［D］. 大连：大连理工大学，2019.

[23] 焦豪. 双碳目标下国有企业数字化战略变革的模式、路径及保障机制研

究［J］. 北京工商大学学报（社会科学版），2022，37（3）：10-22.
［24］ 金珺，陈赞，李诗婧. 数字化开放式创新对企业创新绩效的影响研究：以知识场活性为中介［J］. 研究与发展管理，2020，32（6）：39-49.
［25］ 李廉水，石喜爱，刘军. 中国制造业40年：智能化进程与展望［J］. 中国软科学，2019（1）：1-9；30.
［26］ 李晓华. 数字经济新特征与数字经济新动能的形成机制［J］. 改革，2019（11）：40-51.
［27］ 李学峰，蔡新怡，吕佳丽. 稳中求进还是革故鼎新？高管团队稳定性与企业数字化转型［J/OL］. 科技进步与对策，2024（8）：1-12.［2024-05-03］. http：//kns. cnki. net/kcms/detail/42.1224. G3.20240422.0912.006. html.
［28］ 廖红伟，王馨悦. 企业数字化转型对劳动收入份额的影响［J］. 山东大学学报（哲学社会科学版），2024（1）：136-149.
［29］ 凌丹，张小云. 技术创新与全球价值链升级［J］. 中国科技论坛，2018（10）：53-61；100.
［30］ 刘斌，赵晓斐. 制造业投入服务化、服务贸易壁垒与全球价值链分工［J］. 经济研究，2020，55（7）：159-174.
［31］ 刘昕琳，王群智. 国际餐饮连锁企业的物流与供应链管理分析［J］. 交通运输工程与信息学报，2020，18（1）：99-105.
［32］ 刘祎，王玮，苏芳. 工业大数据背景下企业实现数字化转型的案例研究［J］. 管理学刊，2020，33（1）：60-69.
［33］ 刘志彪，张杰. 我国本土企业制造业出口决定因素的实证分析［J］. 经济研究，2009，44（8）：99-112；159.
［34］ 刘志彪，张少军. 中国地区差距及其纠偏：全球价值链和国内价值链的视角［J］. 学术月刊，2008，40（5）：49-55.
［35］ 马赛，李晨溪. 基于悖论管理视角的老字号企业数字化转型研究：以张弓酒业为例［J］. 中国软科学，2020（4）：184-192.
［36］ 倪红福，夏杰长. 中国区域在全球价值链中的作用及其变化［J］. 财贸

经济，2016，37（10）：87-101.

［37］ 钱晶晶，何筠. 传统企业动态能力构建与数字化转型的机理研究［J］. 中国软科学，2021（6）：135-143.

［38］ 任江. 基于战略的企业绩效评价体系思考［J］. 现代商业，2020（9）：115-116.

［39］ 邵朝对，苏丹妮. 国内价值链与技术差距：来自中国省际的经验证据［J］. 中国工业经济，2019（6）：98-116.

［40］ 邵继萍，倪艳珍，吴晟. 我国体育产业数字化转型：作用机制与经营绩效评估［J］. 北京体育大学学报，2024，47（1）：35-49.

［41］ 沈国兵，于欢. 中国企业参与垂直分工会促进其技术创新吗？［J］. 数量经济技术经济研究，2017，34（12）：76-92.

［42］ 沈国兵，袁征宇. 企业互联网化对中国企业创新及出口的影响［J］. 经济研究，2020，55（1）：33-48.

［43］ 盛斌，高疆. 数字贸易：一个分析框架［J］. 国际贸易问题，2021（8）：1-18.

［44］ 宋敬，陈良华，叶涛. 管理者能力与企业数字化转型：期望落差下的"使能"创新［J］. 现代财经（天津财经大学学报），2023，43（4）：23-39.

［45］ 田雨. 数字经济时代智慧物流企业的价值链成本管理分析［J］. 物流工程与管理，2024，46（4）：108-111.

［46］ 万伦，王顺强，陈希，等. 制造业数字化转型评价指标体系构建与应用研究［J］.科学管理研究，2020，40（13）：142-148.

［47］ 王岚，李宏艳. 中国制造业融入全球价值链路径研究：嵌入位置和增值能力的视角［J］. 中国工业经济，2015（2）：76-88.

［48］ 王磊，魏龙. "低端锁定"还是"挤出效应"：来自中国制造业GVCs就业、工资方面的证据［J］. 国际贸易问题，2017（8）：62-72.

［49］ 王强. 探析新冠疫情后我国餐饮发展的趋势［J］. 财富时代，2020（2）：238.

[50] 王唯佳. 基于价值链理论的企业成本控制策略分析［J］. 现代营销（下旬刊），2024（2）：86-88.

[51] 王晓萍，胡峰，张月月. 全球价值链动态优化架构下的中国制造业升级：基于价值“三环流”协同驱动的视角［J］. 经济学家，2021（2）：43-51.

[52] 魏江. 小企业集群创新网络的知识溢出效应分析［J］. 科研管理，2003（4）：54-60.

[53] 魏秋桐. 价值链成本管理在零售企业中的应用：以苏宁易购为例［J］. 商场现代化，2024（5）：4-6.

[54] 吴建新，刘德学. 全球价值链中治理与升级的关系［J］. 山西财经大学学报，2008，30（6）：58-63.

[55] 吴伟伟，张天一. 非研发补贴与研发补贴对新创企业创新产出的非对称影响研究［J］. 管理世界，2021，37（3）：137-160；10.

[56] 肖静华. 企业跨体系数字化转型与管理适应性变革［J］. 改革，2020（4）：37-49.

[57] 熊彼特.经济发展理论［M］. 何畏，易家详，张军扩，等译.北京：商务印书馆，1990.

[58] 徐兵. 中国上市公司绩效评价研究［D］. 长沙：中南大学，2007.

[59] 徐建玲，朱广欢，宋佳盈. 新冠疫情冲击、企业数字化转型与企业绩效：基于2007—2021年我国A股上市公司的实证分析［J］. 新疆财经，2024（2）：5-15.

[60] 薛龙，邱梦欣，张倩瑜. 企业数字化转型对劳动收入份额的影响研究：基于融资约束视角［J］. 金融理论与实践，2023（10）：54-66.

[61] 杨遥，宫润华，段朋飞. 新常态下我国正餐企业行业竞争力研究［J］. 管理观察，2018（18）：26-30.

[62] 杨卓凡.我国产业数字化转型的模式、短板与对策［J］. 中国流通经济，2020，34（7）：60-67.

[63] 余丽霞，刘逸，李雨函. 新冠疫情下我国餐饮企业的财务困境研究［J］.

会计之友，2020（9）：145-148.

[64] 袁淳，肖土盛，耿春晓，等. 数字化转型与企业分工：专业化还是纵向一体化［J］. 中国工业经济，2021（9）：137-155.

[65] 张鹏，王娟. 全球生产网络中国产业升级结构封锁效应及突破［J］. 科学学研究，2016（4）：520-527；557.

[66] 张森，温军，刘红. 数字经济创新探究：一个综合视角［J］. 经济学家，2020（2）：80-87.

[67] 张骁，吴琴，余欣.互联网时代企业跨界颠覆式创新的逻辑［J］. 中国工业经济，2019（3）：156-174.

[68] 张旭波. 公司行为与竞争优势：评迈克尔·波特的价值链理论［J］. 国际经贸探索，1997，13（3）：34-37.

[69] 张玉，乔敏健，张彦红. 国际产业转移、技术创新与制造业全球价值链地位［J］. 科技进步与对策，2024（6）：1-10.

[70] 赵放，曾国屏. 全球价值链与国内价值链并行条件下产业升级的联动效应：以深圳产业升级为案例［J］. 中国软科学，2014（11）：50-58.

[71] 周慧，崔祥民，张子煜. 制造企业数字化转型过程探究：以三一重工为例［J］. 财会月刊，2022（22）：125-134.

[72] 周文辉，胡蓉，杨筱卿. 基于边界跨越的制造企业服务数字化转型：三一重工案例研究［J］. 科学学研究，2024，42（7）：1472-1481.

[73] 卓越，张珉. 全球价值链中的收益分配与“悲惨增长”：基于中国纺织服装业的分析［J］. 中国工业经济，2008（7）：131-140.

[74] ABRELL T，PIHLAJAMAA M，KANTO L.The role of users and customers in digital innovation：Insights from B2B manufacturing firms［J］. Information & Management，2016，53（3）：324-335.

[75] AGHION P，BERGEAUD A，GIGOUT T， et al.Spreading knowledge across the world：Innovation spillover through trade expansion［Z］. Manuscript. Harvard University，2019：8685-9029.

[76] ALATAS V，BANERJEE A，CHANDRASEKHAR A G， et al. A Network

structure and the aggregation of information: Theory and evidence from Indonesia [J]. The American Economic Review, 2016, 106 (7): 1663-1704.

[77] AMBOS B, BRANDL K, PERRI A, et al.The nature of innovation in global value chains [J]. Journal of World Business, 2021, 56 (4): 101221.

[78] ANTRÀS P, CHOR D. Global value chains [J]. Handbook of International Economics, 2022, 5: 297-376.

[79] AUTOR D, DORN D, HANSON G H, et al. Foreign competition and domestic innovation: Evidence from US patents [J]. American Economic Review Insights, 2016, 2 (3), 357-374.

[80] BACKER K D, MIROUDOT S.Mapping global value chains [C]. 2012 Final WIOD Conference: Causes and Consequences of Globalization, 2013.

[81] BALDWIN R, LOPEZ-GONZALEZ J.Supply-chain trade: A portrait of global patterns and several testable hypotheses [J]. World Economy, 2015, 38 (11): 1682-1721.

[82] BASLANDZE S. The role of the IT revolution in knowledege diffusion, innovation and reallocation [R]. Working Paper, University of Pennsylvania, 2014.

[83] BELDERBOS R, SLEUWAEGEN L, SOMERS D, et al. Where to locate innovative activities in global value chains: Does co-location matter? [A]. OECD Science.Technology and Industry Policy Papers, 2016.

[84] BOEHM C E, FLAAEN A, PANDALAI-NAYAR N.Input linkages and the transmission of shocks: Firm-level evidence from the 2011 Tohoku earthquake [J]. Review of Economics and Statistics, 2019, 101 (1): 60-75.

[85] BRANDT L, THUN E.Going mobile in China: Shifting value chains and upgrading in the mobile telecom sector [J]. International Journal of Technological Learning, Innovation and Development, 2011, 4 (1-3): 148-180.

[86] BUERA J F, OBERFIELD E. The global diffusion of ideas [J]. Econometrica, 2020, 88 (1): 83–114.

[87] CHICU N, DEACONU A, PRIOTEASA A L. The impact of digital transformation over the employees that are working in financial services [C] // Proceedings of the International Management Conference. Faculty of Management, Academy of Economic Studies, Bucharest, Romania, 2019.

[88] CHOPRA A.5 reasons why digital transformation is the only way to go [J]. Pc Quest, 2015 (3): 11.

[89] CRISCUOLO C, TIMMIS J.GVC centrality and productivity: Are hubs key to firm performance? [A]. OECD Productivity Working Papers, 2018.

[90] CRISCUOLO C, TIMMIS J.GVCS and centrality: Mapping key hubs, spokes and the periphery [A]. OECD Productivity Working Papers, 2018.

[91] DEDRICK J.Who profits from innovation in global value chains? A study of the iPod and notebook PCs [J]. SSRN Electronic Journal, 2008, 19 (1): 81–116.

[92] DHANARAJ C, PARKHE A. Orchestrating innovation networks [J]. Academy of Management Review, 2006, 31 (3): 659–669.

[93] DIETZENBACHER E, GUILHOTO J, IMORI D.The role of Brazilian regions in the global value chain [R]. MPRA Paper No.54368, 2012.

[94] EKATERINA T, AIR A V. Global connectedness and local innovation in industrial clusters [J]. Journal of International Business Studies, 2018, 49 (6): 706–728.

[95] ESTAMPE D, LAMOURI S, PARIS J L, et al. A framework for analysing supply chain performance evaluation models [J]. International Journal of Production Economics, 2013, 142 (2): 247–258.

[96] FARINA G, FALK J A .Articles the applicability of the public sector service value chain theory in public high school institutions in the pernambuco state [J]. Journal of Political Science Education , 2016, 19: 37–45.

[97] FERNÁNDEZ V R.Global value chains in global political networks : Tool for development or neoliberal device? [J] . Review of Radical Political Economics, 2015, 47 (2): 209-230.

[98] FITZGERALD M, KRUSCHWITZ N, BONNET D, et al.Embracing digital technology: A new strategic imperative [J] . MIT Sloan Management Review, 2014, 55 (2): 1-12.

[99] FORT T C, KELLER W, SCHOTT P K, et al.Colocation of production and innovation: Evidence from the United States [Z]. Tuck School of Business at Dartmouth, 2020: 1-31.

[100] FREEMAN C.Networks of innovators: A synthesis of research issues [J] . Research Policy, 1991, 20 (5): 499-514 .

[101] FRITSCH U, GORG H.Outsourcing, offshoring and innovation: Evidence from firmlevel data for emerging economies [J]. Kiel Working Papers, 2013, 23 (4): 687-714.

[102] GEREFFI G, LEE J.Why the world suddenly cares about global supply chains [J]. Journal of Supply Chain Management, 2012, 48 (3): 24-32.

[103] GIULIANI E, BELL M.The micro-determinants of meso-level learning and innovation: Evidence from a Chilean wine cluster [J]. Research Policy, 2004, 34 (1): 47-68.

[104] GUZMÁN-ORTIZ C V, NAVARRO-ACOSTA N G, FLOREZ-GARCIA W, et al. Impact of digital transformation on the individual job performance of insurance companies in Peru [J]. International Journal of Data and Network Science, 2020, 4 (4): 337-346.

[105] HIDALGO C A, HAUSMANN R, DASGUPTA P S.The building blocks of economic complexity [J]. Proceedings of the National Acadeny of Sciences of U.S., 2009, 106 (26): 10570-10575.

[106] HUMMELS D, ISHII J, YI K M. The nature and growth of vertical specialization in world trade [J]. Journal of international Economics, 2001,

54（1）：75-96.

[107] IMAI K， BABA Y. Systemic innovation and cross-border networks：transcendingmarkets and hierarchies to create a new techno-economic system [C] //Conferenceon Science Technology and Economic Growth. Paris：Institute of Business Research，1989（6）：389-407.

[108] ITO K， IKEUCHI K， CRISCUOLO C， et al. Global value chains and domestic innovation [J]. Research Policy，2023，52（3）：104699.

[109] JAVORCIK B S， TURCO A L， MAGGIONI D.New and improved：Does FDI boost production complexity in host countries? [J]. The Economic Journal，2018，128（614）：2507-2537.

[110] JOHNSON R C， NOGUERA G. Accounting for intermediates：Production sharing and trade in value added [J]. Journal of International Economics，2012，86（2）：224-236.

[111] KANO L， TSANG E W K， YEUNG H W C.Global value chains：A review of themulti-disciplinary literature [J]. Journal of International Business Studies，2020，51（7）：577-622.

[112] KAPLINSKY R， FAROOKI M. What are the implications for global value chains when the market shifts from the north to the south? [J]. International Journal of Technological Learning，Innovation and Development，2011，4（1-2）：13-38.

[113] KELLER W， YEAPLE S R. Multinational enterprises，international trade，and productivity growth：Firm-level evidence from the United States [J]. The Review of Economics & Statistics，2009，91（4）：821-831.

[114] KOOPMAN R， POWERS W， WANG Z， et al. Give credit where credit is due：Tracing value added in global production chains [R]. NBER Working Paper No.w16426，2010.

[115] KOSCHATZKY K. Innovation networks of industry and business-related services：Relations between innovation intensity of firms and regional inter-

firmcooperation [J]. European Planning Studies, 1999, 7 (6): 737-757.

[116] LOS B, TIMMER M P, DE VRIES G J. How important are exports for job growth in China? A demand side analysis [J]. Journal of Comparative Economics, 2020, 43 (1): 19-32.

[117] LOS B, TIMMER M P, DE VRIES G J. Tracing value-added and double counting in gross exports: Comment [J]. American Economic Review, 2016, 106 (7): 1958-1966.

[118] LOS B, TIMMER M P. Measuring bilateral exports of value added: A unified framework [R]. NBER Working Paper No.w24896, 2018.

[119] MATT C, HESS T, BENLIAN A. Digital transformation strategies [J]. Business & Information Systems Engineering, 2015, 57: 339-343.

[120] MENG B, WANG Z, KOOPMAN R. How are global value chains fragmented and extended in China's domestic production networks? [R]. IDE Discussion Paper No.424, 2013.

[121] MERCEDES D. The co-location of innovation and production in clusters [J]. Industry and Innovation, 2020, 27 (8): 1-29.

[122] NADVI K, KADARUSMAN Y. Competitiveness and technological upgrading in global value chains: Evidence from the indonesian electronics and garment sectors [J]. European Planning Studies, 2013, 21 (7): 1007-1028.

[123] PEI J, MENG B, WANG F, et al. Production sharing, demand spillovers and CO_2 emissions: The case of Chinese regions in GVCs [R]. IDE Discussion Paper No.493, 2015.

[124] PETER H. Value stream management [J]. International Journal of Logistics Management, 1998, 9 (1): 25-42.

[125] RAYPORT J F, SVIOKLA J J. Exploiting the virtual value chain [J]. Harvard Business Review, 1995, 73 (6): 75-85.

[126] SINGH A, HESS T. How chief digital officers promote the digital transformation of their companies [J]. MIS Quarterly Executive, 2017, 16

（1）：1-17.

［127］ SUNDARAM R，SHARMA R，SHAKYA A. Digital transformation of business models：A systematic review of impact on revenue and supply chain ［J］. International Journal of Management，2020，11（5）：9-21.

［128］ TAMBE P，HITT L M.The productivity of information technology investments：New evidence from IT labor data ［J］. Information Systems Research，2012，23（3）：599-617.

［129］ TAPIA J F D，SAMSATLI S.Integrating fuzzy analytic hierarchy process into a multi-objective optimisation model for planning sustainable oil palm value chains ［J］. Food & Bioproducts Processing，2020，119（Part C）：48-74.

［130］ TRONVOLL B，SKLYAR A，SÖRHAMMAR D，et al. Transformational shifts through digital servitization ［J］. Industrial Marketing Management，2020，89：293-305.

［131］ WANG Z，WEI S J，YU X，et al.Measures of participation in global value chains and global business cycles ［R］. NBER Working Paper No.w23222，2017.

［132］ WENGLER S，HILDMANN G，VOSSEBEIN U. Digital transformation in sales as an evolving process ［J］. Journal of Business & Industrial Marketing，2021，36（4）：599-614.

［133］ YAMASHITA N，YAMAUCHI I.The effects of offshore production on onshore innovation：Evidence from Japanese multinationals ［J］. Research Policy，2019，48（9）：103836.

［134］ YANG S B，BAN S Y，CHOI S G，et al.Management incentive compensation and shareholder value ［J］. Journal of Applied Corporate Finance，1992，5（2）：316-336.

［135］ YASSINE M，DIAB M，HADAD S .The impact of digital transformation on innovation and performance in companies—nestle Lebanon case study ［J］. Research in Economics and Management，2021，6（1）：112.

[136] YE C, YE Q, SHI X P, et al. Technology gap, global value chain and carbon intensity: Evidence from global manufacturing industries [J]. Energy Policy, 2020 (137): 111094.

[137] ZHANG B, WANG Y, DONG M U. Model for evaluating the enterprise performance with triangular fuzzy informatio [J]. International Journal of Knowledge-Based and Intelligent Engineering Systems, 2018, 22 (1): 1-7.

索引